HANS-FALLADA-MUSEUM ⭐
Inspirierend: ein Besuch der idyllischen weißen Villa des Schriftstellers Hans Fallada in Carwitz.
📷 *Tipp: Das Dreiecksbeet vor dem Wintergarten wirkt besonders schön als Nahaufnahme mit dem Haus im Hintergrund.*

➤ S. 109, Neustrelitzer & Feldberger Seen

MÜRITZEUM ⭐
Die Unterwasserwelt der Seen und die Landschaft drum herum erleben: interaktiv im Naturerlebniszentrum in Waren!

➤ S. 80, Müritz & Umgebung

MIROW ⭐
Eine Prinzessin, eine Liebesinsel, ein barockes Schloss und ein bildhübsches Örtchen.

➤ S. 103, Neustrelitzer & Feldberger Seen

STADTMAUER IN NEUBRANDENBURG ⭐
Mittelalterfeeling mit alten Stadttoren, Türmen mit Aussicht und romantischen Wiekhäusern.
📷 *Tipp: Am schönsten ist der Mauerabschnitt beim Restaurant Wiekhaus 45 in der Südostkurve.*

➤ S. 92, Neubrandenburg & Umgebung

FESTSPIELE MECKLENBURG-VORPOMMERN ⑩
Ein Evergreen: Das Musikfestival bringt Schlösser und Scheunen, Parks, Plätze und Kirchen überall im Land zum Klingen.

➤ S. 135, Feste & Events

INHALT

36	**DIE REGIONEN IM ÜBERBLICK**

38	**SCHWERIN & UMGEBUNG**

Schwerin 42
Rund um Schwerin 45

46	**VON GÜSTROW BIS PLAU AM SEE**

Güstrow 50
Rund um Güstrow 53
Malchow 55
Rund um Malchow 57
Plau am See 58
Rund um Plau am See 60

62	**MECKLENBURGISCHE SCHWEIZ**

Kummerower See 66
Malchiner See 70
Teterower See 73

76	**MÜRITZ & UMGEBUNG**

Waren 80
Rund um Waren 83
Röbel 84
Rund um Röbel 86

88	**NEUBRANDENBURG & UMGEBUNG**

Neubrandenburg 92
Rund um Neubrandenburg 94

96	**NEUSTRELITZER & FELDBERGER SEEN**

Neustrelitz 100
Rund um Neustrelitz 102
Kleinseenplatte 102
Feldberg 105
Rund um Feldberg 109
Carwitz 109
Rund um Carwitz 113

INHALT

MARCO POLO TOP-HIGHLIGHTS
2 Die 10 besten Highlights

DAS BESTE ZUERST
8 ... bei Regen
9 ... Low-Budget
10 ... mit Kindern
11 ... typisch

SO TICKT DIE SEENPLATTE
14 Entdecke die Seenplatte
17 Auf einen Blick
18 Die Seenplatte verstehen
21 Klischeekiste

ESSEN, SHOPPEN, SPORT
26 Essen & Trinken
30 Shoppen & Stöbern
32 Sport

MARCO POLO REGIONEN
36 ... im Überblick

ERLEBNISTOUREN
114 Die Mecklenburgischen Seen perfekt im Überblick
120 Peene-Flusstour: Auf dem „Amazonas des Nordens"
122 Eine Wanderung im Müritz-Nationalpark
124 Radeln zur Krüseliner Mühle
127 Mit dem Kanu über fünfzehn Seen

GUT ZU WISSEN

132 **DIE BASICS FÜR DEINEN URLAUB**
Ankommen, Weiterkommen, Im Urlaub, Feste & Events, Notfälle, Wettertabelle

138 **URLAUBSFEELING**
Bücher, Filme, Musik & Blogs

140 **TRAVEL PURSUIT**
Das MARCO POLO Urlaubsquiz

142 **REGISTER & IMPRESSUM**

144 **BLOSS NICHT!**
Fettnäpfchen und Reinfälle vermeiden

⏱ Besuch planen   🍴 Essen/Trinken
€–€€€ Preiskategorien 👜 Shoppen
(*) Kostenpflichtige Telefonnummer 🍸 Ausgehen

(A2) Herausnehmbare Faltkarte
(0) Außerhalb des Faltkartenausschnitts

BESSER PLANEN MEHR ERLEBEN!

Digitale Extras
go.marcopolo.de/app/mec

So bunt wie dein Seenplatte-Urlaub: Bootshäuser am Mirower See

DAS BESTE ZUERST

BEST OF
BEI REGEN

SCHÖN, AUCH WENN ES REGNET

UNTER DACH UND FACH
Schwerin ist ein kleines Einkaufsparadies. Im *Schlosspark-Center* können sich Shoppingqueens so richtig austoben, sollte es draußen mal zu ungemütlich sein (Foto).
➤ S. 44, Schwerin & Umgebung

WASSER VON ALLEN SEITEN
Keine Panik, auch bei Regen ist baden möglich. Die *Müritztherme* in Röbel oder das Erlebnisbad *Oase* in Güstrow sind Alternativen für alle, die es keinen Tag ohne Planschen aushalten.
➤ S. 86, Müritz & Umgebung
➤ S. 52, Von Güstrow bis Plau am See

NATUR IM MUSEUM
Interaktiv die Natur begreifen und spielerisch ordentlich was über Tiere und Umwelt lernen. Das *Müritzeum* versteht es, Wissen kurzweilig zu vermitteln. Ein spannender Ausflug und Futter fürs Hirn.
➤ S. 80, Müritz & Umgebung

SIGHTSEEING AUF RÄDERN
Mit dem *Rundbus Plauer See* entdeckst du die Gegend ganz entspannt auch bei miesem Wetter. Ticket kaufen, einsteigen und jederzeit an einer der 21 Stationen aussteigen.
➤ S. 60, Von Güstrow bis Plau am See

DAS PERLT!
Schmatzend löst sich der Kronkorken, und weißer Schaum zischt aus der Flasche. In der *Brauerei Lübz* erfährst du, wie das beliebte Bier hergestellt wird, und kannst es natürlich verkosten. Das sorgt für gute Laune trotz Regen.
➤ S. 60, Von Güstrow bis Plau am See

DER PRINZESSIN AUF DER SPUR
Ein Schloss, eine Kirche mit Aussicht und die Geschichte einer mecklenburgischen Prinzessin, die englische Königin wurde. Auf Mirows *Schlossinsel* schlenderst du einen ganzen Regentag durch märchenhafte Historie.
➤ S. 103, Neustr. & Feldberger Seen

BEST OF
LOW-BUDGET

FÜR DEN KLEINEN GELDBEUTEL

ZU BESUCH BEI MÜLLERS
In Röbel kannst du eine alte *Windmühle* von Fuß bis (Mühlen-)Kopf kostenlos besichtigen. Die breite Galerie garantiert tolle Ausblicke (Foto).
➤ S. 84, Müritz & Umgebung

MAJESTÄTISCHER PARK
Die Herzöge zahlten ja auch keinen Eintritt. Und so kann man sich schon ganz herzoglich fühlen beim Schlendern durch den riesigen *Schlosspark* von Ludwigslust. Eine würdige Kulisse für einen entspannten Nachmittag.
➤ S. 45, Schwerin & Umgebung

EIN GARTEN WIE GEMALT
Stundenlang könnte man durch den *Thomsdorfer Kunstkaten* stromern! Der verwunschen wirkende Garten ist mit viel Liebe zum Detail gestaltet, und in der kleinen Galerie gibt es ganz besondere Arbeiten zu entdecken – Besichtigung für lau.
➤ S. 113, Neustr. & Feldberger Seen

OBST FÜR ALLE AUF DER BURG
Drei, zwei, eins, meins. Eine riesige *Streuobstwiese* zum Selbstbedienen inklusive Mittelalterfeeling erwartet dich im Sommer auf Burg Stargard bei Neubrandenburg.
➤ S. 95, Neubrandenb. & Umgebung

CLEVER KOMBINIERT
Busse rund um die Müritz jederzeit flexibel nutzen, aus- und einsteigen wo man möchte und das völlig umsonst – gilt für alle, die in Waren, Klink, Röbel oder Rechlin übernachten. Einfach die Gästekarte vorzeigen und den Tag mit *Müritz rundum* mobil genießen.
➤ S. 134, Gut zu wissen

UNTERWEGS MIT DEM RANGER
Was krabbelt, flattert, blüht im Feldberger Wiesenpark? Der Naturpark-Ranger weiß es und erzählt's dir bei der *Wiesenparkführung* kostenlos.
➤ S. 107, Neustr. & Feldberger Seen

BEST OF
MIT KINDERN

SPANNENDES FÜR GROSS & KLEIN

TIERISCH VIEL LOS
Im *Zoo Schwerin* gibt's nicht nur jede Menge Tiere zu sehen, sondern auch viele Spielplätze und Aktionen für Kinder. Verpasst nicht die Fütterungen von Giraffen, Nashörnern, Erdmännchen & Co! Das Highlight ist die Fütterung der Pinguine.
➤ S. 45, Schwerin & Umgebung

HÖHENFIEBER
Neun Parcours in Höhen von 3 bis 12 m – der *Kletterwald Müritz* bietet actionreichen Kletterspaß für die ganze Familie.
➤ S. 83, Müritz & Umgebung

KULTUR UND KURVENSPASS
In *Burg Stargard* ist die Kombi aus Kultur für Eltern und Spaß für Kids perfekt: erst Burgbesichtigung und anschließend durch acht steile Kurven die 720 m lange Sommerrodelbahn hinunterrasen!
➤ S. 94, Neubrandenb. & Umgebung

EIN TAG BEI DEN SLAWEN
Ob ihr's glaubt oder nicht, in Mecklenburg wurden schon einige Schätze gefunden. Welche Spuren die alten Slawen hinterlassen haben, wie sie lebten und wie eine Ausgrabung funktioniert, das erfahrt ihr im archäologischen *Freilichtmuseum Groß Raden* auf die spannende Art: Im nachgebauten Slawendorf geht's auf einen Trip in die Vergangenheit, und die Ausstellung zeigt Gold, Silber, Perlen und Dinge aus dem Alltag der Slawen.
➤ S. 115, Erlebnistouren

FAHRRAD AUF SCHIENEN
Wie Fahrradtour, nur mit mehr Spaß für alle: Auf einer stillgelegten Bahnstrecke strampelt ihr mit der vierrädrigen Tretplattform der *Naturpark-Draisine Dargun* durch die Landschaft. Anhalten und die Natur erkunden ist kein Problem – einfach die Draisine aus den Schienen heben und parken.
➤ S. 70, Mecklenburgische Schweiz

BEST OF
TYPISCH
DAS ERLEBST DU NUR HIER

SCHLOSS-HOPPING
Du liebst Prunk und Pracht und willst am liebsten ein paar Schlösser an einem Tag besichtigen? Nirgendwo geht das besser als hier! An fast jeder Ecke und an fast jedem See steht ein Schloss. Zwei Highlights unter ihnen sind das *Schweriner* und das *Güstrower Schloss.*
➤ S. 43, Schwerin & Umgebung
➤ S. 51, Von Güstrow bis Plau am See

ORIGINELL UND ÖKOLOGISCH
Hofläden sind in, und die *Scheune Bollewick* bei Röbel ist die Queen unter ihnen. Auf dem großen Gelände ist nicht nur ein Bauernladen mit Mecklenburger Produkten wie Biowurst und Sanddornwein untergebracht. In der Markthalle findest du auch jede Menge Läden und Werkstätten von Künstlern und Kunsthandwerkern. Ach ja: Und ein Café mit hausgemachtem Kuchen gibt's natürlich auch.
➤ S. 86, Müritz & Umgebung

FISCHSNACK MIT SEEBLICK
Es duftet nach geräuchertem Fisch, und schon liegt ein Stück Aal oder Maräne auf dem Teller. Du sitzt am Seeufer und genießt den Blick aufs Wasser am *Räucherkahn* in Waren (Foto).
➤ S. 81, Müritz & Umgebung

AHOI, KÄPT'N!
Alleine losschippern, die Natur genießen und Freiheit spüren. Mietet euch ein *Hausboot,* und all diese Träume werden wahr – führerscheinfrei. Auf ins Abenteuer!
➤ S. 33, Sport

RUF DER WILDNIS
Und das im wahrsten Sinn und überall an den Seen. Auf den *Langenhägener Seewiesen* zum Beispiel veranstalten die Kraniche im Herbst ein echtes Spektakel. Tausende schicken ihre Trompetenrufe über die Moorwiesen, bereit zum Aufbruch in den Süden.
➤ S. 60, Von Güstrow bis Plau am See

SO TICKT DIE SEEN-PLATTE

Das große Platschen: Wer will, taucht jeden Tag in einen anderen See

ENTDECKE DIE SEENPLATTE

In Mecklenburgs herrlicher Natur verstecken sich immer wieder neue Überraschungen

Zwischen der Ostsee und Berlin liegt die riesige Wasserlandschaft mit einem Netz von 2500 km Schifffahrtswegen und über 1000 Seen – jeder mit seinem eigenen Charme und Farbenspiel und vielfältigen Freizeitmöglichkeiten. Mit diesen Superlativen hat sich die Region ihren Namen als Europas größtes Seengebiet gemacht. Und die Wasserqualität ist eins a.

AUF INS ABENTEUER!

„Einfach den Motor starten, ablegen, und Lucia bringt euch, wohin ihr wollt." Das klingt nach einem perfekten Trip. Lucia ist nicht etwa eine Taxifahrerin, sondern ein Hausboot, 12 m lang, 52 m² Wohnfläche. Skipper Erik weist mit einer Engelsgeduld in die Geheimnisse des Hausbootfahrens ein. Er weiß, dass die angehenden Kapitäne es kaum erwarten können, endlich aufs Wasser zu kommen und

Um 3000 v. Chr. Nomadische Stämme hinterlassen Hünengräber

1800–600 v. Chr. Bronzezeit: Burgartige Anlagen entstehen

7. Jh. Slawen siedeln an den Seen

995 Erstmals taucht der Name Mikelenburg auf

1160 Slawenfürst Niklot fällt im Kampf. Seine Nachfahren begründen die Dynastie der Obodriten und herrschen bis 1918

1918 Mit Ende des 1. Weltkriegs werden Mecklenburg-Strelitz

SO TICKT DIE SEENPLATTE

loszutuckern, immer der Sonne entgegen, ab in die Freiheit, auf ins Abenteuer! Doch Ordnung muss sein, also erklärt Erik beharrlich Wendemanöver, Ankern und Verkehrsregeln auf dem Wasser. Dafür ist das Chartern eines Hausboots ganz ohne Bootsführerschein möglich. „Keine Region ist für ein Hausboot-Abenteuer besser geeignet als die Mecklenburgische Seenplatte", schwärmt Erik.

OH, DIESE LANDSCHAFT!

Doch nicht nur die Seen beeindrucken, sondern auch das ganze Drumherum: Malerische Dörfer liegen eingebettet zwischen Feldern, Hügeln und kleinen Wäldchen. Romantische Wander- und Radwege führen von einem Ort zum nächsten, vorbei an alten Mühlen, Fachwerkhäusern und Feldsteinkirchen, das glitzernde Wasser fast immer vor Augen. Zwischendurch verführen urige Hofläden und Biergärten zur verdienten Siesta – eine Region zum Träumen und Seele-baumeln-Lassen. Den Alltag vergessen, ausspannen, runterkommen. Einfach aufs Fahrrad setzen und stundenlang radeln. In vollkommener Ruhe mit dem Kanu von See zu See paddeln, vorbei an Bibern, Fischadlern und Ringelnattern. Endlos wandern durch einsame Naturparks. So fühlt sich Urlaub an.

MITTENDRIN DIE MÜRITZ

Geformt wurde diese hügelige Landschaft durch die letzte Eiszeit vor 12 000 Jahren. Die Müritz ist als größter See Deutschlands das Aushängeschild der Region, hier urlauben die meisten Touristen. Die Slawen, die früher hier lebten,

---

und Mecklenburg-Schwerin selbstständige Staaten

1945 Mecklenburg wird mit Vorpommern zu einem neuen Land vereinigt

1990 Neugründung des Landes nach dem Ende der DDR

2011 Die Serrahner Buchenwälder werden Unesco-Welterbe

2016 Die Ivenacker Eichen werden das erste Nationale Naturmonument

Sept. 2021 Die SPD gewinnt die Landtagswahlen in MVP; Manuela Schwesig wird als Ministerpräsidentin wiedergewählt

nannten sie sogar „Morcze", kleines Meer. Der Müritz-Nationalpark ist ein weiteres Highlight, das die Liste von „Deutschlands größten ..." anführt, denn er ist der größte Nationalpark auf dem Festland. 320 km² gilt es zu erkunden, eine Fläche fast so groß wie Dresden oder Bremen. Hier darf sich die Natur nach ihren eigenen Regeln entwickeln, und siehe da – Wölfe streifen wieder umher.

JEDE MENGE ACTION ...
Bei so viel Wasser kannst du einiges erleben: Sämtliche Wassersportarten warten auf dich. Ob Profi oder neugieriger Anfänger – es gibt viele Spots zum Kiten, Windsurfen oder Wasserskifahren. Auch Segelfans finden bei so viel Auswahl ihren perfekten See, Kanuwanderer können ausgiebig paddeln. Wer es ruhiger mag, beobachtet im Glaskanu die Fische oder testet seine Balance beim Stand-up-Paddling. Alles kann, nichts muss. Und es muss auch nicht „nur" Wassersport sein – Klettern im Hochseilgarten ist ebenso angesagt wie Reitausflüge oder Radtouren durch das Land zwischen den Seen.

... UND JEDE MENGE KULTUR
In Schwerin, Neustrelitz und Neubrandenburg residierten einst die Herzöge zu Mecklenburg und hinterließen prächtige Schlösser und weitläufige Parks. Heute sind hier Museen, Galerien und Bibliotheken eingerichtet, und während der Festspiele Mecklenburg-Vorpommern dienen sie als Kulisse für Konzerte. Nach  dem Motto „Musik bewegt" gibt es in Schwerin dann sogar ein Fahrradkonzert: Man radelt von Bühne zu Bühne und lauscht Bands von Pop bis Weltmusik. Auch auf dem platten Land haben sich Künstler angesiedelt. In alten Scheunen kannst du auf Kunsthandwerksmärkten nach Schätzen stöbern und mit den Einheimischen ins Gespräch kommen. Wobei viele „echte" Mecklenburger zunächst rau und zurückhaltend erscheinen – sind sie erst mal aufgetaut, zeigt sich ihr liebenswerter Charakter.

EINE URLAUBSREGION IM EINKLANG MIT DER NATUR
Kulinarisch sind die Mecklenburger auf dem Vormarsch und setzen verstärkt auf eine erfinderische Bioküche mit saisonalen Produkten der Seenplatte. In puncto Infrastruktur wurde in den letzten Jahren viel getan und dabei Wert auf autofreie und klimafreundliche Maßnahmen gelegt. Marinas wurden ausgebaut, Fahrradwege erneuert, Wanderrouten markiert. Das beispielhafte Nationalpark-Ticket „Müritz rundum" kombiniert die Nutzung von Bus und Schiff und bringt dich samt Fahrrad zu allen Zielen im Müritz-Nationalpark. Denn dass die Natur möglichst ursprünglich bleibt, ist eines der Hauptanliegen der Menschen, die hier leben. Deshalb fühlen sich in den Schutzgebieten noch alle wohl: Rothirsch, Otter und Biber, Seeadler, Schwarzstorch und Eisvogel. Wer ganz still im Kanu, per Fahrrad oder zu Fuß die Natur der Seenplatte erkundet, kann mit beeindruckenden Begegnungen rechnen.

SO TICKT DIE SEENPLATTE

AUF EINEN BLICK

SCHWERIN

Größte Stadt mit 97 000 Einwohnern

52
Einwohner pro km²

Deutschland: 232 pro km²

5810 km²
Fläche

ein Viertel des Bundeslandes
Mecklenburg-Vorpommern

HÖCHSTE ERHEBUNG: HELPTER BERG
179 m
Zugspitze, Deutschlands höchster Berg: 2962 m

WÄRMSTER MONAT
JULI
21,7 °C
München: 24 °C

WITZIGSTER ORTSNAME
DÜMMER

ÄLTESTER BAUM
ÜBER 1000 JAHRE
Ivenacker Eiche

GRÖSSTER ANGELERFOLG

Rekord-Wels aus der Peene:
2,14 m lang, 58 kg schwer, 35 kg Filet

BERÜHMTESTE PERSONEN
Heinrich Schliemann
Hans Fallada

2000
GUTSHÄUSER

DIE SEENPLATTE VERSTEHEN

FILMREIF
Die oft noch ursprüngliche Landschaft der Mecklenburgischen Seenplatte wird bei Filmemachern immer beliebter. Viele Drehorte kannst du besuchen: Das ehemalige Stasigefängnis mit seinen dunklen Zellen und der Bahnhof in Schwerin dienten immer wieder als Kulisse für den „Polizeiruf 110". Auch Plau am See wurde zuletzt zum Filmschauplatz: Rathaus, Promenade und Hubbrücke sind im Arztthriller „Keimzeit" zu sehen, die Schauspieler waren von der Stadt begeistert. Und das nahe Waren und die Müritz dienten als Drehorte für die Filmreihe „Käthe und ich". Der Tourismusverband ist hellauf begeistert von der Werbung für die Region. Doch damit nicht genug – jedes Jahr wird beim Schweriner *Filmkunstfest* der rote Teppich ausgerollt. Stars und Sternchen der deutschen Filmwelt machen sich dann auf den Weg an die Seenplatte.

BAUMIDYLL
Zugvögel machen gern auf ihnen Rast, Fledermäuse jagen im Blattwerk nach knackigen Insekten, und der Mensch ist fasziniert: Alleen gibt es in der Mecklenburgischen Seenplatte reichlich. Egal ob Birke oder Buche, Kastanie oder Eiche, Birne oder Pflaume – von romantisch bis urig versprühen sie ein ganz besonderes Flair, wenn man sie durchwandert oder durchfährt. Im Frühling gibt das frische Grün dir neue Energie mit auf den Weg, im Sommer spenden die Bäume kühlen Schatten, und im Herbst bringen sie das berühmte Farbenspiel des amerikanischen Indian Summer auch nach Mecklenburg. Weil Alleen so begeistern, wurde 1993 die *Deutsche Alleenstraße (alleenstrasse.com)* eingeweiht und beständig ausgebaut, ein grünes Band von knapp 3000 km, das sich durch ganz Deutschland zieht. Natürlich auch durch die Seenplatte, von Demmin in der Mecklenburgischen Schweiz bis Rheinsberg im Süden der Kleinseenplatte – 125 km rauschendes Spektakel.

ALTHERGEBRACHT
Als die slawischen Fürsten ab dem 12. Jh. nicht mehr ganz so allein die Seenplatte bewohnen wollten, holten sie sich deutsche Siedler in die Region. Die hatten nämlich landwirtschaftliches Know-how, von dem die Slawen profitieren wollten. Sie versprachen ihnen steuerfreie Grundstücke zur Bewirtschaftung. Doch Tausende Siedler mussten ja irgendwo wohnen. Also rodete man Wälder und schuf Platz für Dörfer. Deren Namen endeten dann alle auf …rode. Oder auf …hagen, wie eine Rodung früher hieß. Wurde ein Dorf nicht anstelle eines Waldes erbaut, sondern in einer anderen Landschaft, nannte man es je nach-

dem …feld, …busch, …berg oder, auf einem Hügel liegend, auch …burg. Einige der neuen Dörfer wurden direkt neben den alten slawischen Siedlungen angelegt. Zur Unterscheidung hießen die dann Groß-… und Klein-…, Alt-… und Neu-… oder auch Deutsch-… Und so gibt es noch heute viele Dörfer mit althergebrachten Namen wie Wesenberg, Ankershagen, Alt Schwerin und Kratzeburg.

HINKELSTEINE

Obelix hätte seine Freude: Überall in der Seenplatte liegen Hinkelsteine rum, auch Findlinge oder Menhire genannt, die der dicke Comic-Held nur zu gern herumgetragen hätte. Der größte schlummert am Altentreptower Klosterberg: 23 m Bauchumfang, 133 m³ Volumen, 360 t schwer! Ein kleinerer Bruder hat seinen Platz bei Neubrandenburg an der Papiermühle im Lindetal gefunden. Doch wer hat all die großen Steine in die gebirgslose Seenlandschaft gebracht? Die letzte Eiszeit! Auf monströsen Gletschern kamen die Findlinge vor 20 000 Jahren aus Schweden angeschippert und blieben hier liegen. Bis ins 19. Jh. glaubte man, dass Riesen oder gar der Teufel die Kolosse hierher geschleudert hätte, weshalb sich viele Legenden um sie ranken. Vor allem, wenn sie zu rätselhaften Hünengräbern aufgetürmt sind. Erst langsam dämmerte es Wissenschaftlern, dass Gletscher die Landschaft mit all ihren Seen, Flüssen und den Findlingen geformt haben. Der *Unesco-Geopark Mecklenburgische Eiszeitlandschaft (eiszeitroute.com)* verbindet die eisi-

Krimikulisse mit finsterer Vergangenheit: das ehemalige Stasigefängnis in Schwerin

Nicht laufen, nicht schwimmen, sondern paddeln: 1000-Seen-Marathon

gen Spuren in der Seenplatte zu einer spannenden Eiszeittour – mit sagenhaften Picknickplätzen direkt auf Obelix' Hinkelsteinen.

EIN DORF NAMENS DÜMMER

Wenn du die Mecklenburgische Seenplatte durchstreifst, wirst du immer wieder mal wegen der recht merkwürdigen Ortsschilder stutzen. Rom liegt nicht nur in Italien, sondern ist auch ein Dorf unweit der Bierstadt Lübz. Auch in Kamerun bist du ruckzuck, wenn du in den Ortsteilen von Waren bummeln gehst. Sicherlich nicht dümmer bist du geworden, wenn du das gleichnamige Dorf besucht hast. Und schnelles Glück verheißt eine Reise durch Mecklenburg auch: Denn über Jammer und Kummer bei Ludwigslust ist es nur eine Reise von zwei Stunden, bis du schließlich in Sorgenlos bei Waren ankommst.

AUGEN AUF!

In der Mecklenburgischen Seenplatte bekommt man noch Tiere zu Gesicht, die sich sonst selten blicken lassen. Den Fischotter erkennst du an seinem braunen Pelz mit der weißen Brust, am Ende kommt ein langer Schwanz. Mit etwas Glück kannst du ihn am bewachsenen Ufer von Flüssen und Seen entdecken. 80–100 Mio. Haare schützen ihn vor Nässe und Kälte, und im Wasser bleibt die Haut trocken – ein perfekter Taucheranzug. Schwebt über dir ein dunkler Schatten, könnte es sich um einen Seeadler handeln. Hellbraunes Gefieder, eine gelbe Iris und bis zu 2,40 m Flügelspannweite zeichnen ihn aus. Der größte Greifvogel Mitteleuropas liebt nicht nur zum Abendbrot Fische, Wasservögel und Aas. Vielleicht ist der Schatten aber auch kleiner, dann ist es ein Fischadler mit dunkelbraunem Gefieder und weiß leuchtendem Bauch. Lecker Fisch schnappt er sich flach über dem Wasser kreisend. Frosch, Krebs oder Schildkröte schmecken ihm auch. Selten ist der Eisvogel. Der kleine Kerl mit blau-türkis schillerndem Gefieder, orange leuchtender Brust und einem langen, spitzen Schnabel ist ein echter Hingucker.

SO TICKT DIE SEENPLATTE

KRÄFTEMESSEN

Sie messen gerne ihre Kräfte, die Mecklenburger. Ob beim Drachenbootrennen oder bei der Stand-up-Paddle-Meisterschaft – Wettkampf muss sein. Zwei Langstreckenrennen machen besonders von sich reden: Immer im Mai treffen sich alle Altersklassen zur *Mecklenburger Seenrunde (mecklenburger-seen-runde.de)* in Neubrandenburg. Bei diesem Radsportevent müssen vor allem die Männer zeigen, was sie draufhaben. Einen Tag und eine Nacht radeln sie über eine Strecke von 300 km durch die Eiszeitlandschaft. Frauen schrubben immerhin 90 km runter, und auch Kinder sind am Start. Jedes Jahr Ende September wird's noch heftiger beim *1000-Seen-Marathon (1000seen-marathon.com)* der Kanuten in der Kleinseenplatte. Hunderte Profikanuten und Hobbypaddler treten an beim Massenstart auf dem Großen Peetschsee, Ziel ist der Labussee. Nach dem Rennen, wobei zwischen Halbmarathon, Marathon und Langstrecke gewählt werden kann, feiern alle gemeinsam den Abschluss der Paddelsaison.

SCHLÖSSERMÄRCHEN

Und wenn sie nicht vergammelt sind, dann stehen sie noch heute. Für so manches Mecklenburger Märchenschloss war das Lebenslicht kurz vorm Erlöschen. Verfallene Mauern, undichte Dächer, verwilderte Gärten. Jahrzehntelang wurde nun an den Schlössern in Mirow und Ludwigslust saniert und restauriert, um wieder Glanz in die Hütten zu bringen. Einige erhiel-

KLISCHEE KISTE

VON WEGEN RUHE

Nichts kann das Naturidyll trüben: Hier rauschen nur die Bäume, plätschern die Seen, zirpen die Grillen und zwitschern die Vögel. Wirklich? Beschaulich war gestern. Immer mehr Festivals für feierwütige Partypeople und Freigeister, Weltvergesser und Utopisten finden ihren rituellen Platz im Kalender der ach so ruhigen Seenplatte. Los geht's Ende Mai in Neustrelitz mit dem *Immergut-Festival (immergutrocken.de)* – Indierock live und im Diskozelt. Ende Juni trifft das *Fusion-Festival (fusion-festival.de)* auf dem früheren Militärflugplatz Lärz den speziellen Geschmack mit Elektro, Kunstperformances und vegetarisch-veganer Kost. Ab Juli steigt das *Airbeat One Festival (airbeat-one.de)*. Auf dem Geländes des Flugplatzes Neustadt-Glewe heißt es dann grooven zu elekronischer Livemucke. Beim *3000-Grad-Festival (3000-festival.de)* bringen im August Bands und DJs eine Kiesgrube bei Feldberg mit Weltmusik zum Kochen. Von mittags bis morgens und wieder von vorn. Schräges Aussehen – perfekt! Originelle Kostüme – erwünscht! Nicht jedem alteingesessenen Bürger gefällt der Festivaltrubel, doch den Gästen sind saure Gesichter schnuppe. Mehr Festivals: *mv-trip.de*.

Wozu an die Loire fahren, wenn es in Mecklenburg Traumschlösser wie das in Klink gibt?

ten völlig neue Funktionen: Schloss Klink ist heute ein Hotel, Burgschloss Schlitz sogar ein Fünfsternehaus, und Schloss Kummerow dient als öffentliche Kunsthalle. Millionen wurden investiert, und es wird erst einmal so weitergehen. Ein Fokus liegt jetzt auf Schloss Güstrow. Es wird häppchenweise saniert, sodass es während der Restaurierung immer für Besucher zugänglich bleibt.

FRITZ, ERNST UND HANS

Das sind heute wieder angesagte Vornamen für Jungs. Ihre Namensvettern von damals hatten es faustdick unter dem Pony: Fritz Reuter aus Stavenhagen (1810–74) wurde wegen Mitgliedschaft in hochverräterischen burschenschaftlichen Verbindungen und wegen Majestätsbeleidigung zum Tode verurteilt, doch später begnadigt. Als ihn sein Vater enterbte, blieb ihm nichts anderes übrig, als sein Talent als Autor unter Beweis zu stellen: Er schrieb seitdem erfolgreich Romane in niederdeutschem Dialekt – ein Verkaufsschlager! Der talentierte Bildhauer Ernst Barlach aus Ratzeburg (1870–1938) liebte neben der Kunst vor allem die Frauen. Als eines seiner Modelle von ihm schwanger wurde, entzog er ihr kurzerhand das Sorgerecht und ging mit dem Sohn weit weg nach Güstrow – damals eine Sensation. Noch doller trieb es Hans Fallada (1893–1947), der als Schriftsteller im kleinen Carwitz seine Erfüllung gefunden hatte. Oder doch nicht so ganz, denn er trank ganz ordentlich und fand in der Haushälterin eine willige Liebesgespielin. Ehefrau Suse

SO TICKT DIE SEENPLATTE

reichte es irgendwann, sie setzte ihn vor die Tür. Sturzbetrunken kam Hans eines Tages ins Haus getorkelt und schoss mit einer Pistole wild um sich – die folgenden drei Monate Haft inspirierten ihn zum Roman „Der Trinker".

ROTKÄPPCHENSCHRECK
Die Wölfe halten wieder Einzug in deutsche Wälder, auch in der Seenplatte gibt es sie. Während sich Naturschützer und Tourismusmanager freuen und sogar Gäste aus Übersee in die Wolfsregionen locken, bangen Viehbesitzer um ihre Vierbeiner. Schon so manches Schaf musste als Leckerbissen für den Wolf und sein Rudel herhalten. Dabei ist er eigentlich scheu, Menschen sehen in der Regel nur die Fährte oder bestenfalls seine Sch… Das Ziel der Wiedereinbürgerung des Wolfs ist eine Bereicherung der Natur um einen ihrer ursprünglichen Bewohner, eine friedliche Koexistenz zwischen Mensch und Tier wird angestrebt. Mit dem „Wolfsmonitoring" wird die Verbreitung des Tiers erfasst. Auch du kannst helfen: Siehst du Spuren, einen Riss oder sogar Isegrim persönlich, dann melde es einem der 83 geschulten Wolfsbetreuer in Mecklenburg-Vorpommern *(wolf-mv.de/pages/monitoring.html)*. Bleibt zu hoffen, dass Kuchen und Wein auch zukünftig heil bei Großmutter eintreffen.

SCHLEUSENHOPPING
In der Hochsaison liegen sie hier oft im Stau, die Boote vor den Schleusenkammern, zumal an den größeren Schleusen. Und Schleusen gibt es in der Seenplatte genug – tausend Seen machen's nötig. Beim Schleusen wird der Niveau-Unterschied zwischen zwei verschiedenen Gewässern oder Abschnitten einer Wasserstraße überwunden. Schiff oder Kanu fahren in eine Schleusenkammer, Wasser wird ein- oder abgelassen, die Bootsinsassen fahren hoch oder runter. Ein Schleusenwärter gibt an den Seenplatte-Schleusen den Ton an: große Boote zuerst, dann die Paddler, Kanuten bitte am Rand an den Wandgriffen festhalten. Manche Schleusung kostet etwas, andere sind gratis, doch ist man durchgeschleust, freut sich der Schleuser über ein Trinkgeld im Körbchen.

FUNKLOCH
Nichts piept, nichts klingelt, nichts vibriert – ein Urlaub in der Mecklenburgischen Seenplatte bedeutet vor allem eines: Ruhe. Zumindest vor permanent eintrudelnden Whats-App-Nachrichten, E-Mails vom Chef oder dem Drang, immer up to date zu sein. Denn der Handyempfang ist miserabel. Nicht selten sieht man Menschen mit einem Arm in der Luft umherirren – entlaufene Verrückte? Nein, nur Urlauber, die einen Gruß nach Hause schicken oder ein Signal für Google-Maps empfangen wollen. Tja, in Meck-Pomm musst du dich vielerorts noch auf deine urmenschlichen Instinkte besinnen. Selbst navigieren, sich aufs Wesentliche konzentrieren, die Ruhe akzeptieren – ein Selbsttest sozusagen. Genieß es! Wer genau wissen will, wo die Funklöcher liegen, schaut in der Funkloch-Melder-App *(funkloch-mv.de)* nach.

ESSEN SHOPPEN SPORT

Das schreit nach einer Paddeltour: Blick auf den Carwitzer See

ESSEN & TRINKEN

„Was würde ich geben für ein paar Tüften." – „Was sind Tüften, mein Schatz?" – „Kar-tof-feln. Man kocht sie, stampft sie, tut sie in die Suppe. Köstliche, brutzelnde, goldene Bratkartoffeln und ein Stück gebackener Fisch."

Dieses Gespräch hätten Sam und Gollum aus dem „Herrn der Ringe" auch an einem Mecklenburgischen See führen können. Denn nicht nur in Hobbingen, auch in Mecklenburg sind Kartoffeln sehr beliebt und werden als „Tüften" bezeichnet. Mit Grünkohl oder, ganz gewagt, mit Backobst – den Kombinationsmöglichkeiten von Tüften sind hier kaum Grenzen gesetzt.

ALTBACKEN? DENKSTE!

Doch die ländliche Kartoffel muss den Platz auf den Tellern längst mit modernen Kreationen und Sterneküchen-Zutaten teilen. Vorbei sind die Zeiten, wo nur das auf den Tisch kam, was auf den Feldern wuchs, durch den Wald huschte oder im See schwamm. Und davon möglichst viel, denn die Bauern und Fischer hatten immer Hunger. Wobei das traditionelle Obst und althergebrachte Gemüse wie Weißkraut, Rüben und Dicke Bohnen auch heute nicht völlig außen vor gelassen werden. Alte Rezepte werden jedoch neu interpretiert und mit angesagten Beilagen aufpoliert.

PROBIER MAL GRÖNEN HEINI

Hier und da findet man noch gutbürgerliche Wirtshäuser, wo „Gröner Heini" serviert wird, ein Gargericht aus „Beer'n, Boh'n un Speck", also Kochbirnen, grünen Brechbohnen und Speck. Die Tüften gehören sowieso dazu und müssen im Namen nicht extra erwähnt werden. Dieses traditionelle Gericht solltest du auf jeden Fall probieren, wenn es dir über den Weg

Welches Gericht heißt wohl „Gestowte Wruken"? Na klar, der Steckrübeneintopf (re.)!

läuft. Auch Grützwurst, warme, mit Grütze gebundene Blutwurst mit Rosinen oder Backpflaumen, kannst du kosten, denn süßsaure Kombinationen sind typisch und ursprünglich für die Region.

GENUSS AUS DEM WASSER

In puncto Fischgerichte ist die Seenplatte natürlich unschlagbar, denn hier schwimmen sie alle: Hecht, Maräne, Zander und Aal, um nur die leckersten unter ihnen zu nennen. Gebraten, gebacken, geräuchert oder gekocht – egal wie man's mag, Fisch ist ein Genuss und gesund obendrein. Probier zum Beispiel „Kak't Boors" – klingt verdächtig, ist aber nur gekochter Barsch. Er siedet 20 Minuten in einem Gemisch aus Wasser mit Lorbeer, Möhren, Nelken und Pfeffer. Für den richtigen Pepp kommen noch ein paar getrocknete Chilischoten hinzu. Am besten schmeckt er mit zerlassener Butter und Meerrettich oder Petersiliensauce. Auch die Fischsuppen, verfeinert mit Gemüse und saurer Sahne, sind ein Hit. Und meist kommen sie in ordentlichen Portionen daher.

GOURMET STATT GOURMAND

Doch immer mehr Gastronomen wagen es, sich mit einer gehobenen Küche, sowohl preislich als auch qualitativ, von der altbekannten, üppigen Hausmannskost abzusetzen. Omas Rezepte werden verfeinert, deftige Zutaten mit modernen Zubereitungsformen abgerundet und das Ganze edel angerichtet. In jeder Region wirst du mindestens ein schickes Gourmetrestaurant finden. Hier kosten die Gerichte ab 15 Euro aufwärts, doch es lohnt sich, weil alles passt: kreative Küche in stilvollem Ambiente. Dabei setzt man verstärkt auf die Verwendung regionaler und saisonaler Produkte. So kommt der Ziegenkäse vom Ziegen-

Sterngekröntes Restaurant: „Ich weiß ein Haus am See" in Krakow

hof, frischer Fisch vom Müritzfischer, Wild aus heimischen Wäldern und saisonale Salate und Gemüse oft aus Biogärtnereien.

ANREGENDES AUS DER KÜCHE

Auch jenseits von gutbürgerlicher oder sternegekrönter Küche ist kulinarisch einiges los in der Seenplatte. Das *Parkhotel Klüschenberg (klue schenberg.de)* in Plau am See hat sich ein besonders prickelndes Event ausgedacht. Beim Klüschenberg-Wintertheater wird bei den „Erotischen Kulinarien" im romantisch-klassizistischen Ambiente ein 7-Gänge-Gourmet-Menü serviert, umrahmt von einer erotisch-frechen Inszenierung eines bekannten Theater-Klassikers.

INSIDER-TIPP
Ein Dinner für alle Sinne

VON DER HAND IN DEN MUND

In Güstrow und Schwerin setzt man dagegen auf den Trend Streetfood. Bei der Schweriner *Streetfood-Karawane* kommen Leckereien aus aller Welt auf die Hand – ein Wochenend-Event für Foodlover und Feinschmecker. In Güstrow freuen sich Einheimische und Besucher über den Foodtruck auf dem Markt, wo jeden Dienstag und Donnerstag regionale Spezialitäten über die Theke gehen, vom Hackknüppel bis zu Süßkartoffel-Pommes.

DRINKS FÜR JEDES WETTER

Obwohl es natürlich auch in der Seenplatte angesagte Sommer-Mixgetränke wie Hugo oder den Hipster-Hit Tocco Rosso gibt, sind heimische Tropfen und vor allem die regionalen Biere nach wie vor angesagt. Das Lübzer ist sehr beliebt, gefolgt vom Darguner und Mecklenburger Pils. Gesund und hip sind Getränke aus orangefarbenen Beeren: Sanddornwein, Sanddornlikör und Sanddornsaft schmecken ganz besonders – herb und zugleich fruchtig-süß. An kalten Tagen kommt ein Köm, ein klarer Kümmelschnaps, oder ein Grog gerade richtig. Nach dem Motto „Rum mutt, Zucker kann, Water bruuk nich" wird das Glas zur Hälfte mit Rum und zwei Stück Würfelzucker gefüllt und dann mit heißem Wasser bis zum Rand aufgegossen. Bist du danach groggy, war's zu viel – getreu dem Mecklenburger Trinkspruch: „Wer dat letzt ut de Kann drinken will, den fölt de Deckel up de Snut." Wer das Letzte aus der Kanne trinken will, dem fällt der Deckel auf die Nase.

ESSEN & TRINKEN

Unsere Empfehlung heute

Suppen

TÜFFEL UN PLUM
Kartoffelsuppe mit Pflaumen und Speck

MECKLENBURGER FISCHSUPPE
Dorsch mit Kartoffeln, Weißkohl und Zwiebeln

Fleischgerichte

SCHWERINER GRÜTZWURST
Rote Grützwurst mit Sauerkraut und Bratkartoffeln

ENTENBRUST
Flugente gefüllt mit Pflaumen- oder Apfelmus, dazu Rotkohl und Klöße

SCHWARZSAUER
Geschmorte Schweineschulter mit Backobst und Mehlklößen, dazu ein erfrischender Gurkensalat

GESTOWTE WRUKEN
Eintopf aus Schweinefleisch mit Steckrüben und Kartoffeln

MECKLENBURGER PFLAUMENBRATEN
Nackenrollbraten vom Schwein, süß gefüllt mit Pflaumen und Äpfeln, dazu Sauce mit etwas Pflaumenmus, Klöße und Rotkohl

MECKLENBURGER RIPPENBRATEN
Schweinerippen gefüllt mit Backpflaumen und Zimt, Zwieback, Äpfeln, geschmort in braunem Rum

Fischgerichte

MÜRITZZANDER
In Weißwein-Gewürz-Zitronen-Sud gedünsteter Zander mit Kartoffeln und Gemüse

HECHT IN DILLSAUCE
Gekochter, in Stücken servierter Hecht mit Dillsauce und Kartoffeln

Desserts

KALTE NASEN
Warme Teigtaschen mit süßer Quarkfüllung

ROTE GRÜTZE
Eingekochte rote und blaue Beeren, serviert mit Vanillesauce

SCHWARZBROTPUDDING
Brotkrumen mit warmer Milch, Zuckerei und Süßkram

POTTKAUKEN
Leckerer Napfkuchen, verfeinert mit Kardamom, geriebener Zitronenschale und Mandeln

SHOPPEN & STÖBERN

AUS DEM RAUCH
Lecker und gesund ist geräucherter Fisch, von dem du dir unbedingt eine Portion mit nach Hause nehmen solltest. Aal, Maräne und andere Süßwasserfische werden überall verkauft, im Fischladen, Fischereihof oder gleich vom Boot aus.

NOSTALGISCHES FÜR DAHEIM
Ein altes Butterfass, eine verblichene Fotografie, ein Küchenstuhl im Shabby Chic. Auf den Landflohmärkten lässt du garantiert ein paar Euro für wieder angesagten Bauern-Schnickschnack. Jeden Samstag z. B. im *Gutshaus Bobbin (Bobbin 45 | gutshaus-bobbin.de)*, wo du zum ergatterten DDR-Schätzchen noch ein dickes Stück Kuchen serviert bekommst. Auch in Plau am See, Alt Schwerin, Neustrelitz oder Teterow wirst du garantiert fündig. Für Nachtbummler findet im Frühling und Herbst der *Neubrandenburger Nachtflohmarkt* statt. Dort kann man stöbern, kramen und feilschen von A wie Apfelkorb bis Z wie Zinkbadewanne. Aktuelle Flohmarkttermine findest du unter *short.travel/mec12*.

INSIDER-TIPP Flöhe und Kuchen

BIO UNTERM SCHIRM
Im Sommer fallen sie überall auf – große Schilder in knalligen Farben: Kirschen, Bio-Eier, selbst gemachte Marmelade, Äpfel und Erdbeeren. Hofläden haben, oft mit passendem Café, in vielen Dörfern eröffnet. Wo die Betreiber keine Zeit haben, den ganzen Tag neben ihren Produkten unterm Sonnenschirm zu sitzen, herrscht das Prinzip der „Kasse des Vertrauens".

ORANGES WUNDER
Die orange leuchtenden Beeren des in Norddeutschland verbreiteten

Einkaufsbummel unterm Kirchturm in der Schweriner Buschstraße (li.)

Sanddorns sind echte Vitamin-C-Bomben. Auch in der Seenplatte wächst der stachelige Busch, denn er braucht die sandigen Böden, die die Eiszeit hinterlassen hat. Tolle Dinge lassen sich aus den süßsauren Beeren zaubern: Marmelade, Likör, Tee, sogar Seife und Hautcremes.

SCHAUEN, VERLIEBEN, KAUFEN

Jede Menge Kunsthandwerks- und Töpfermärkte öffnen regelmäßig ihre Tore. Die Saison beginnt mit dem Event *KunstOffen* zu Pfingsten: In fast jedem Dorf bekommst du Einblicke in die Ateliers der Kreativen. Im Sommer und zur Weihnachtszeit boomen die Märkte weiter: Ob in Schwerin, im Künstlerort *Thomsdorf* (s. S. 113) oder in der *Scheune Bollewick* (s. S. 86) – Töpfer, Bildhauer, Maler und Schnitzkünstler präsentieren und verkaufen ihre Werke, die oft regionale Bezüge haben oder einfach die Mecklenburger Landschaften zeigen. Ein besonderes Ereignis ist der *Jahrmarkt* in Klempenow. Vor der Kulisse der mittelalterlichen Burg bieten um die Sommersonnenwende 45 Kunsthandwerker aus ganz Norddeutschland ihre Produkte an und laden zum Schauen, Kaufen und Mitmachen ein.

MECKLENBURGER SCHNAPSIDEE

Selbst ist der Genießer, dachte sich das Ehepaar Schnurrbusch aus Klink: Nach einem Restaurantbesuch fiel der Digestif ins Wasser, weil es keinen ansprechenden „Kräuter" im Angebot gab. Also erfand man kurzerhand einen eigenen. Der Schnaps Mürli *(muerli.de)* ist stark, lecker und ein echter Star unter seinesgleichen: Er hat schon Preise abgeräumt! Es gibt ihn in der deftigen Variante mit 35 Umdrehungen und als Eierlikör mit weniger Promille. Dank stylisher Verpackung ist er auch ein schickes Geschenk.

SPORT

Klar, dass bei so vielen Seen der Wassersport die erste Geige spielt und in der Seenplatte fast alles möglich ist, was im und auf dem Wasser Spaß macht. An zweiter Stelle sportlicher Aktivitäten rangiert das Radfahren, denn die gesamte Region ist mit fantastischen Radwegen ausgestattet. Doch auch Wandervögel werden, vor allem in der hügeligen Mecklenburgischen Schweiz, gut bedient.

ANGELN

Hecht, Aal, Zander – in den Mecklenburgischen Seen wimmeln sie alle. Doch bevor du dir ein Prachtexemplar an Land ziehst, musst du eine Angelkarte kaufen. Die gibt es in Angelgeschäften, den Touristinformationsbüros, auf Campingplätzen oder im Onlineshop der Müritzfischer *(mueritzfischer.de)*. Sie gilt für 70 Gewässer. Neben der Angelkarte brauchst du aber auch einen gültigen Fischereischein. Wenn du keinen besitzt und nur mal eben so im Urlaub angeln willst, kannst du dir einen zeitlich befristeten Touristenfischereischein kaufen, den es auch in der Touristinformation und in Angelgeschäften gibt. Ein Antragsformular muss ausgefüllt und ein Urlaubsnachweis, z. B. eine Buchungsbestätigung, erbracht werden. Die „Urlaubslizenz" gilt dann bis zu 28 Tage und kostet 24 Euro, eine Verlängerung 13 Euro.

INSIDER-TIPP
Angelschein auf Zeit

GOLFEN

Anfänger im Golfen können sich auf verschiedenen Plätzen im *Landhotel Schloss Teschow (Teschow | Tel. 03996 14 04 54 | schloss-teschow.arcona.de)* ausprobieren. In idyllischer Umgebung kannst du auf Übungsplätzen den perfekten Abschlag trainieren –

Auf dem Wasser liegt die Freiheit: mit dem Hausboot auf dem Zotzensee

übrigens auch im Regen, im teilweise überdachten „Golfodrom".

HAUSBOOTE 🚩

Mieten, navigieren, anlegen – nichts ist einfacher, als mit dem Hausboot über die Mecklenburger Seen zu schippern, die Beine baumeln im Wasser, abends wird gemeinsam mit Freunden gegrillt und gechillt. Ein Führerschein – nicht nötig. Kein Wunder also, dass Hausboot- bzw. „BunBo-", also Bungalowboot-Fahren angesagt ist. Vom kultigen Tom-Sawyer-Gefährt bis zur komfortablen Yachtversion kann man die gemütlichen Wasserfahrzeuge in allen Preisklassen vielerorts mieten, z. B. unter *leboat.de* oder *charterpoint-mueritz.de*.

KLETTERN

Durchhängen? Lieber nicht! Die vielen Kletterwälder und Hochseilgärten der Seenplatte geben dir die richtige Dosis Adrenalin mit in die Höhe. Tarzanjump, Toppas oder Schwebebalken sorgen für ganz neue Urlaubsperspektiven. Aufsteigen kannst du z. B. im *Kletterwald Müritz (Kameruner Weg 14 | kletterwald-mueritz.de)* in Waren oder im *Hochseilgarten Havelberge (An den Havelbergen 1 | haveltourist.de/hochseilgarten)* in Userin. Besonders viel Mut, Konzentration und Geschick ist beim Nachtklettern im *Schweriner Kletterwald (An der Crivitzer Chaussee 15 | schweriner-kletterwald.de)* gefragt, und beim Kletter-Dating kann es romantisch werden.

PADDELN & RUDERN

Kanus, Kajaks und Ruderboote (mit und ohne Motor) findet ihr überall im Verleih. Die Region rund um Mirow ist aufgrund der vielen miteinander verbundenen Seen für längere Paddelausflüge besonders geeignet. Lust auf eine geführte Tour, ein paar Stunden oder gleich das volle Abenteuer über mehrere Tage? Es gibt verschiedene Anbieter, die tolle Touren in petto haben, egal ob in der Neustrelitzer Kleinseenplatte, an der Müritz oder anderswo, so z. B. der Kanuverleih *Paddel-Paul (Schillersdorf 1 | Mirow | paddel-paul.de)* oder *Müritz-Kanu (Boeker Mühle | mueritzkanu.de)*.

RADFAHREN
Flaches Land, weite Natur, einsame und gut ausgebaute Radwege – schöner als durch die Mecklenburgische Seenplatte kannst du kaum radeln. Die Infrastruktur ist perfekt, einen Fahrradverleih gibt es in jedem Städtchen, auch 🐾 Kinderräder oder Fahrradanhänger werden meist mit angeboten. Und mit E-Bikes macht das Fahren übers flache Land gar keine Mühe mehr – gibt's auch als Tourpaket z. B. beim *Fahrradverleih Plau am See (Dammstr. 1 | fahrradverleih-plau.de)* oder im Warener Fahrradhotel *Radlon (Kietzstr. 13a | radlon.de)*. Eine Übersicht über Ladestationen bekommst du vom Verleih.

REITEN
Fury und Flicka lassen grüßen: Genießt die Freiheit auf dem Rücken der Pferde! Fantastische Gestüte verteilen sich über die gesamte Seenplatte. Egal ob Anfänger oder Profi, im *Pferdehof Zislow (Alter Forsthof 5 | Zislow | pferdehof-zislow.de)* bei Malchow gibt es Kurse für alle Level, Reitausbildung, und das Ganze ohne Sattel. Bei Kutschfahrten erkundet ihr die Seenlandschaft völlig entspannt. Das *Gestüt Ganschow (Ganschow | gestuet-ganschow.de)* bei Güstrow ist das größte Gestüt in Mecklenburg-Vorpommern. Reiten durchs Wasser, durch Wälder und über sandige Wege, Reitlehrgänge und -ausbildung in der Reithalle – alles ist hier möglich. Wunderschön ist auch der *Gutshof Peeneland (Hof Peeneland 143 | Meesiger | hof-peeneland.de)* in der Mecklenburgischen Schweiz. Inmitten unberührter Natur mit Blick auf den Kummerower See wohnt ihr zwischen Pferdegewieher und Hufgetrappel.

SUP & WINDSURFEN
Stand-up-Paddling, kurz SUP, ist die Trendsportart auf fast jedem mecklenburgischen See, Verleihstationen gibt es z. B. am Schweriner See, am Kummerower See oder in Untergöhren am Fleesensee. Entspannung und Nervenkitzel liegen bei dem Balanceakt auf dem Brett dicht beieinander. Auch viele Campingplätze verleihen die Boards, z. B. der am Bolter Ufer an der Müritz: *Surfmühle (Am Müritzufer 2a | Boeker Mühle | surfmuehle.de)*. Windsurfen ist ebenfalls weit verbreitet. So betreibt die Surfmühle auch eine Surfschule mit Kursen für Anfänger und Fortgeschrittene.

TAUCHEN
Ob Schnuppertaucher oder Profi – das *Tauchcenter Feldberg (Strelitzer Str. 18 | tauchcenter-feldberg.de)* hat viele Ausflüge im Programm und kennt tolle Tauchplätze mit riesigen Felsbrocken und ins Wasser gestürzten Bäumen. Hier lernst du die Feldberger Seen von der anderen Seite kennen. Ganztagestouren und Tauch-

SPORT

kurse sind möglich. Auch in Plau am See gibt es eine Tauchbasis. Bei 🐠 *Abenteuer & Wassersport (Schulstraße 58 | nitrokids.de)* dürfen sogar Kinder ab acht Jahren mit von der Tauchpartie sein. Das Programm ist vielfältig: Man kann Ausrüstung leihen, geführte Tauchgänge werden angeboten, und – besonders spannend – Nachttauchgänge sind möglich.

WANDERN

Die Mecklenburgische Schweiz ist mit ihren Hügeln und Wäldern das Wander-Eldorado der Seenplatte. Überall stehen grüne Schilder, die auf einsame Wege hinweisen – selbst in der Hochsaison im Sommer trifft man dort nur wenige Menschen an. Dafür begegnest du mit etwas Glück Damwild, Bibern und Fischadlern. Ein zweiter Hotspot ist der *Müritz-Nationalpark* (s. S. 83). Hier ist das Quellgebiet der Havel, die bei Ankershagen entspringt. Ein Rendezvous mit der Tierwelt ist garantiert, und immer wieder überraschen herrliche Ausblicke auf den See. Detaillierte Wanderkarten verkaufen die Touristinformationen.

WASSERSKI

Auf dem Reitbahnsee in Neubrandenburg und auf der Müritz kannst du dich im Skifahren auf dem Wasser versuchen. Am Haussee von Feldberg liegt das große *Wasserski-Zentrum (Amtsplatz 44 | best-of-wasserski.de)*, wo verschiedene Kurse angeboten und regelmäßig auch Wasserskishows vor der Seebühne gezeigt werden. Auch Reifenracing und „Bananefahren" sind im Programm.

Unterwegs mit dem Rad findest du Kleinode wie die Feldsteinkirche in Galenbeck

SCHWERIN & UMGEBUNG

ABWECHSLUNG AUF SCHRITT UND TRITT

Schwerin ist nicht nur höfisch und historisch, sondern auch hip und herzlich. Von Schloss bis Shopping, von Kultur bis Kulinarik, von Festival bis Nächte-Durchfeiern – die Hauptstadt Mecklenburg-Vorpommerns am westlichen Rand der Seenplatte steckt voller Energie.

Nachdem es 1160 von Heinrich dem Löwen die Stadtrechte erhalten hatte, wurde Schwerin erst Bischofssitz, dann Grafschaft und schließlich als Residenz der Mecklenburger Herzöge zum kulturellen und

Der Anblick weckt majestätische Gefühle: das Schloss auf der Insel im Schweriner See

politischen Zentrum der Region. Und das ist die Stadt bis heute. Mit ihren engen Gassen rund um den Markt und umgeben von sieben Seen ist sie aber auch herrlich romantisch. Und es gibt eine Menge zu entdecken. Drei Hochschulen machen Schwerin zur lebendigen Studentenstadt – gelegen inmitten schönster Natur. In der Umgebung erwarten dich sämtliche Wassersport-Angebote, aber auch spannende Ausflugsziele wie das Prachtschloss Ludwigslust.

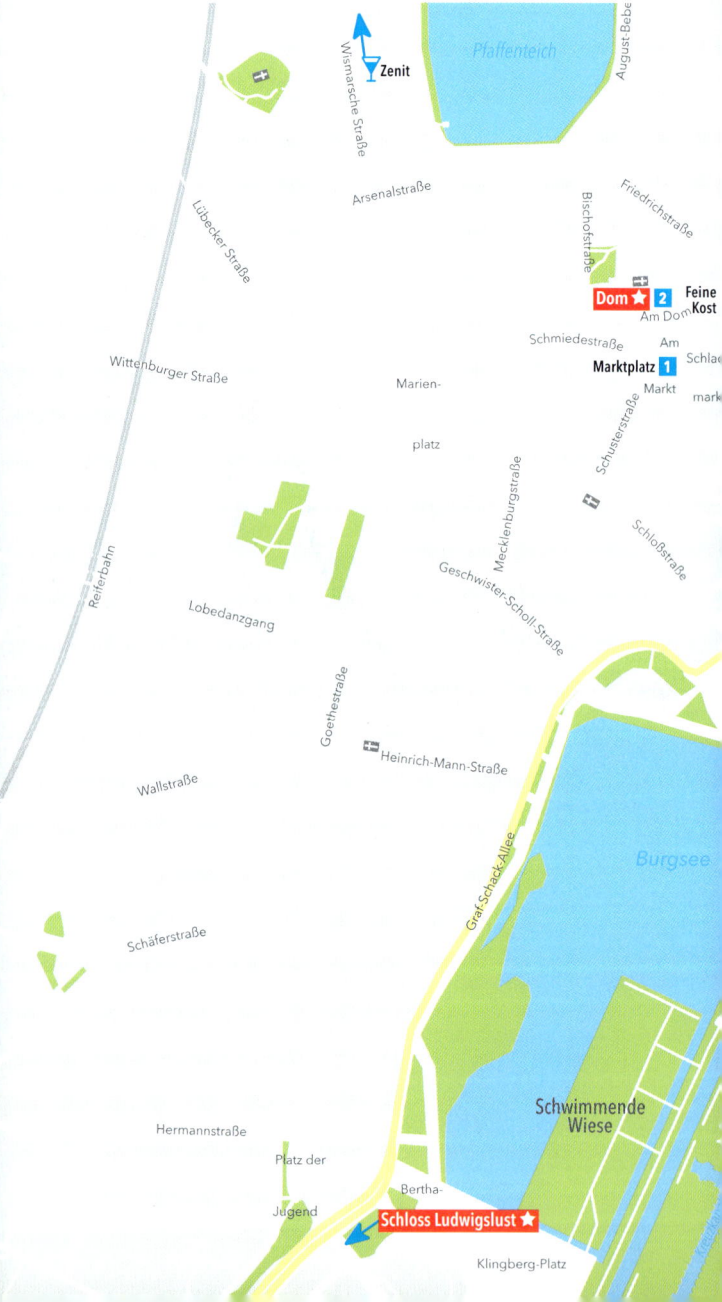

SCHWERIN

(C4) **Schwerin (96 000 Ew.) ist die kleinste Landeshauptstadt Deutschlands und die älteste Stadt in Mecklenburg-Vorpommern.**

Letzteres merkt man an jeder Ecke. Ein mit zig Türmchen verziertes Schloss, ein historischer Park und eine gut erhaltene, verkehrsberuhigte Altstadt – alle Sehenswürdigkeiten sind problemlos zu Fuß erreichbar. **INSIDER-TIPP Entspannter Bummel** Ein schöner Spaziergang führt vom Dom über den Marktplatz und den Alten Garten bis zum Schloss, wo du von der Schlossinsel einen schönen Blick über den inneren Schweriner See hast. Vom Ufer starten Ausflugsschiffe der *Weißen Flotte* (Werderstr. 140 | Seenfahrten 17 Euro, Teilstrecken ab 3 Euro | weisseflotte schwerin.de).

SIGHTSEEING

1 MARKTPLATZ

Stadtgründer Heinrich der Löwe sorgte dafür, dass Schweriner Kaufleute keine Zölle zahlen mussten, und regte damit den Fernhandel an. So wurde Schwerin eine bedeutende Handelsstadt, und ein Marktplatz musste her. Im Mittelalter war der allerdings noch nicht gepflastert, sondern vor allem bei Regen eine überfüllte Schlammfläche. Alles stand voller Buden. Das markante Säulengebäude an der Nordseite des Markts wurde zum Zeitpunkt der Recherche saniert. Die ehemalige Verkaufshalle soll in Zukunft

Geht's noch märchenhafter? Der Schlossgarten ist ein Traum in Grün und Blütenbunt

SCHWERIN & UMGEBUNG

vielfältige Angebote vorhalten. Der Durchgang neben dem *Rathaus* führt zum alten *Schlachtermarkt,* wo mittwochs und freitags Wochenmarkt ist.

2 DOM ⭐

Willkommen am höchsten Punkt der Schweriner Altstadt und am einzigen Bauwerk, das zum Teil noch aus dem Mittelalter stammt. Wenn du die lächerlichen 220 Stufen zur Turmspitze hinaufsteigst, wirst du mit einem atemberaubenden Blick über die Seenlandschaft der Umgebung belohnt. Kamera zücken! *Mo-Sa 11-15, So 12-15 Uhr*

INSIDER-TIPP
Auf die Spitze getrieben

3 ALTER GARTEN

Stolze Karriere: Ursprünglich ein sumpfiger Platz, entwickelte sich der Alte Garten zum Kräuterbeet der Schlossküche und schaffte den Sprung zum Lustgarten mit Pferdeparcours und Springbrunnen. Heute finden hier alljährlich die *Schlossfestspiele* statt. Die herrschaftlichen Gebäude rings um den Platz wurden für moderne Zwecke umfunktioniert: Im Säulenbau mit der großen Freitreppe befindet sich das *Staatliche Museum Schwerin*; eine Millionenspende machte die derzeitige Sanierung möglich. Diese soll bis Ende 2024 andauern. Ab Spätsommer 2022 sollen die Glanzstücke des Museums im Schweriner Schloss zu bewundern sein. Näheres unter *museum-schwerin.de*. Im Neorenaissancebau schräg gegenüber ist das *Mecklenburgische Staatstheater (Alter Garten 2 | theater-schwerin.de)* untergebracht.

4 SCHLOSS SCHWERIN ⭐ 🚩

Hofbaumeister Georg Adolf Demmler schuf das Wahrzeichen der Stadt. Vom Großherzog erhielt er Mitte des 19. Jhs. den Auftrag, das ursprüngliche Schloss umzugestalten. Als Vorbild diente ihm das französische Schloss Chambord im Loire-Tal. Und so wurden auch in Schwerin jede Menge Türmchen, halbrunde Erker und eine Schlossbrücke gebaut. Verpass nicht das prächtige *Schlossmuseum*. Bei der Sonderführung „Vom Keller bis zur Kuppel" erkundest du das Schloss von unten bis oben, schnupperst in die Kulissen des Landtags und kletterst auf den Schlossturm *(April-Nov. Sa/So, Dez. So 14 Uhr, bei der Touristinformation unter Tel. 0385 5 92 52 22 anmelden und Perso mitnehmen!). Schloss und Museum: 14. April-13. Okt. Di-So 10-18, 14. Okt.-13. April 10-17 Uhr | Eintritt 8,50 Euro | zu Coronazeiten keine Führungen | Lennéstr. 1 | schloss-schwerin.de | ⏱ 2 Std.*

INSIDER-TIPP
Die ganz große Schlosstour

5 SCHLOSSGARTEN ⭐

Der Traum eines jeden Gärtners! Verwunschen wirkt der Schlossgarten mit seinen Alleen, Seerosenkanälen und Laubengängen. Er ist über eine historische Drehbrücke zugänglich und rund um die Uhr geöffnet – ein perfekter Ort zum Bummeln und Relaxen. Mittendrin liegt ganz romantisch in einem Pavillon das Restaurant *Ars Vivendi (Di/Mi geschl. | Lennéstr. 2a | Tel. 0385 7 58 84 58 | ars-vivendi-schwerin.de | €€€),* in dem mediterrane Gerichte serviert werden.

ESSEN & TRINKEN

FEINE KOST
Kleines Biobistro mit vegetarischen und veganen Gerichten aus der Region. Jeden Tag wechselt das Menü und wird frisch mit Zutaten von zertifizierten Biobauern gekocht. *Sa/So geschl. | Puschkinstr. 36 | Tel. 0385 4 84 86 68 | feinekost-schwerin.de | €–€€*

GOURMETFABRIK
Daniel Bockholt und seine Crew kochen nicht, sie zaubern, und zwar kreative Gerichte in Spitzenqualität. In den angesagten Kochkursen gibt der Chef ein paar seiner Geheimnisse preis. Sommerterrasse mit Blick auf den Yachthafen. Jeden Sonntag Brunch. *So/Mo geschl. | Werderstr. 74b | Tel. 0385 76 09 85 70 | gourmetfabrik.de | €€€*

INSIDER-TIPP
Lernen vom Chefkoch

SHOPPEN

In der *Schelfstadt* östlich des Pfaffenteichs stöberst du in bunt gestrichenen Geschäften, z. B. in den Secondhandläden der Münz- und der Friedrichstraße. Wer dann Durst hat, genehmigt sich im *BierPostAmt (So/Mo geschl. | Münzstr. 31 | bierpost.com)* ein Bier aus einem von über 50 Ländern. Ein leckeres Mitbringsel – Kakao, Kaffee und Süßes – findest du in der *Rösterei Fuchs (So geschl. | Am Markt 4 | roesterei-fuchs.de)*. Wenn es regnet in Schwerin, ab ins ☂ *Schlosspark-Center (So geschl. | Reiferbahn | schlosspark-center.de)*. Hier gibt es alle bekannten Modelabels.

Ziemlich gut beim französischen Versailles abgeguckt: das Schloss Ludwigslust

SCHWERIN & UMGEBUNG

SPORT & SPASS

In Schwerin geht vieles: Kanufahren, Wasserski, Segeln, Boote-Chartern (auch führerscheinfrei), z. B. bei *Bootscharter Schwerin (Werderstr. 141 | schwerin-bootsverleih.de)* oder in der Tretbootvariante beim *Bootsverleih Schwerin (Knaudtstr. 31 | bootsverleih-schwerin.de)*. Im 👪 *Zoo Schwerin (April-Okt. Mo-Fr 9-18, Sa/So 9-19, Nov.-März 10 Uhr bis Einbruch der Dunkelheit | Eintritt 13,50, Kinder 7, Familienkarte 32 Euro | An der Crivitzer Chaussee 1 | zoo-schwerin.de)* können Kids bei der Fütterung von Pinguinen und anderen Tieren zusehen. Alle Fütterungszeiten auf der Website.

STRAND

Am *Zippendorfer Strand* am Südufer des Schweriner Innensees kommt Ostsee-Feeling auf. Der Sand ist weich, der Strand lang und breit, und an der Promenade gibt es jederzeit ein Eis, Kaffee oder Kuchen.

AUSGEHEN & FEIERN

ZUM FREISCHÜTZ

Im Freischütz trifft sich Schwerin! Es gibt bis 23 Uhr günstiges Essen und noch günstigere Getränke in gechillter Atmosphäre, und bei gutem Wetter sitzt man draußen an der Straße und „guckt Leute". *Mo-Do bis 24, Sa/So bis 02 Uhr (Sa nur abends) | Ziegenmarkt 11 | Tel. 0385 56 14 31 | freischuetz.business.site*

INSIDER-TIPP: Anlaufstelle für Nachtschwärmer

ZENIT

Wer tanzen will, geht ins Zenit. Es ist momentan *der* Club in der Stadt: Musik für jeden Geschmack und viele Lounges in einer Heizkraftwerk-Location. *Fr/Sa | Am Pappelgrund 15a | Facebook: Zenit Schwerin*

RUND UM SCHWERIN

SCHLOSS LUDWIGSLUST ★
55 km/40 Min. von Schwerin (Auto über A 14)

Unweit von Schwerin ließ der Mecklenburger Herzog Friedrich vor über 250 Jahren noch ein Barockschloss mit weitläufigem 🌳 *Schlosspark (frei zugänglich)* bauen. Wie seine Vorfahren in Schwerin holte er sich Inspiration bei einem französischen Vorbild – keinem Geringeren als Versailles. Du kannst das Schloss auf eigene Faust oder mit Führung durchstreifen. Besuch auch die Manufaktur *Sanddorn-Storchennest (Sa/So geschl. | Friedrich-Naumann-Allee 26 | sanddorn-storchennest.de)* mit Café in der Orangerie. Hier gibt's Konfitüren, Honig, Tees und Kosmetik in Bioqualität von Deutschlands größter Sanddorn-Plantage. *15. April-14. Okt. Di-So 10-18, 15. Okt.-14. April bis 17 Uhr, Führungen (3 Euro) Di-Fr 14, Sa/So 11, 14, 15 Uhr, im Winter Sa/So 14 Uhr | Eintritt 6,50 Euro | schloss-ludwigslust.de | 📖 D 6*

INSIDER-TIPP: Souvenir in Gelborange

VON GÜSTROW BIS PLAU AM SEE

REIZVOLLE STÄDTCHEN, URSPRÜNGLICHE NATUR

Dichte Eichen- und Buchenalleen säumen kleine Landstraßen, rechts und links wogt ein grünes Meer aus jungem Weizen. Abends lassen sich am Feldrand Hasen und Rehe blicken, und mittendrin ruhen Seen, Gutsdörfer und Klöster.

Willkommen in der Einsamkeit zwischen Güstrow und Plau am See! Rein gar nichts kann dich hier davon abhalten, runterzukommen und den Alltag samt Stress völlig zu vergessen. Malchow und Plau sind relaxte Orte zum lange Ausschlafen und Schlendern, immer

In Güstrows Altstadt gibt's einiges zu entdecken: Derz'sches Haus in der Mühlenstraße

dem Wasser nach, zu den verträumten Häfen. Wenn dich die Wildnis ruft und du dich nach Aussteigerfeeling sehnst, dann verbringe mal ein paar Tage in der Nossentiner/Schwinzer Heide. Hier röhrt noch der Hirsch, schwirrt der Eisvogel, und alle zehn Kilometer begegnet dir ein Mensch … Nur im Norden der Region wird es mit Güstrow etwas urbaner.

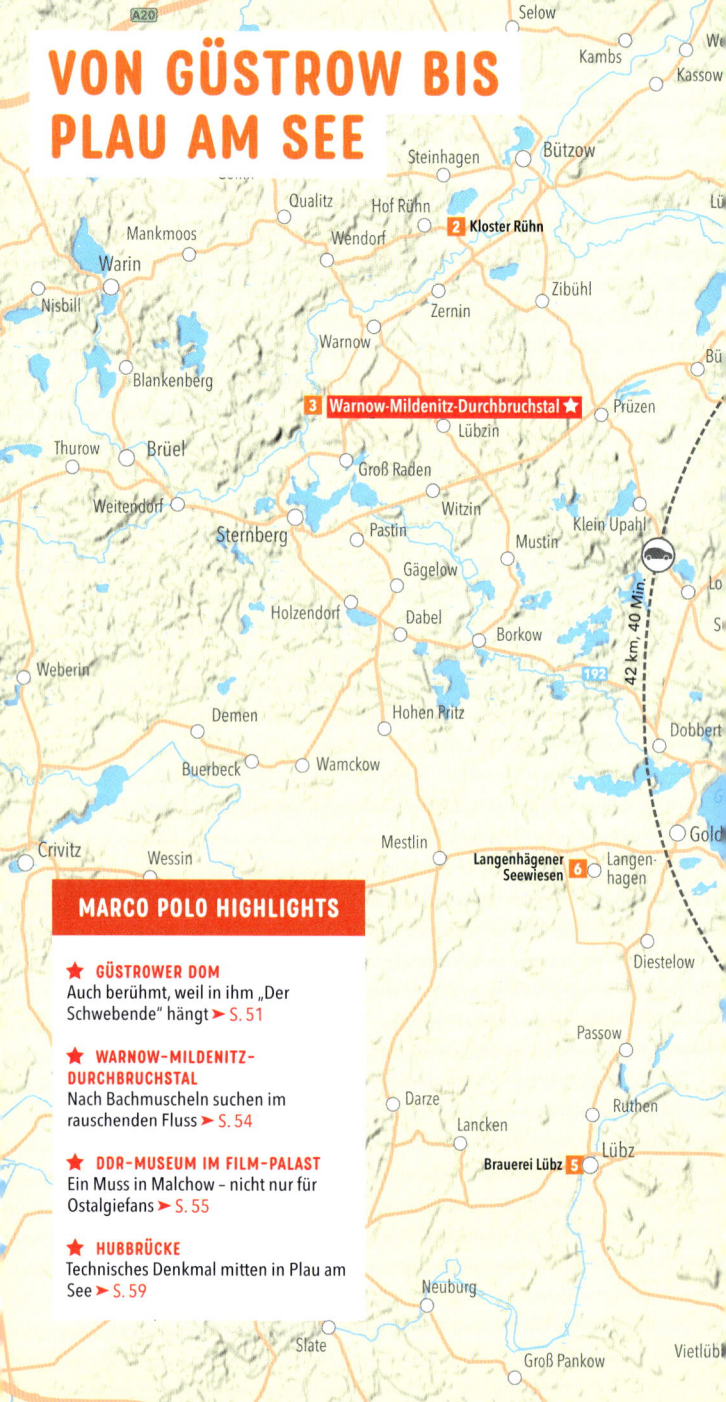

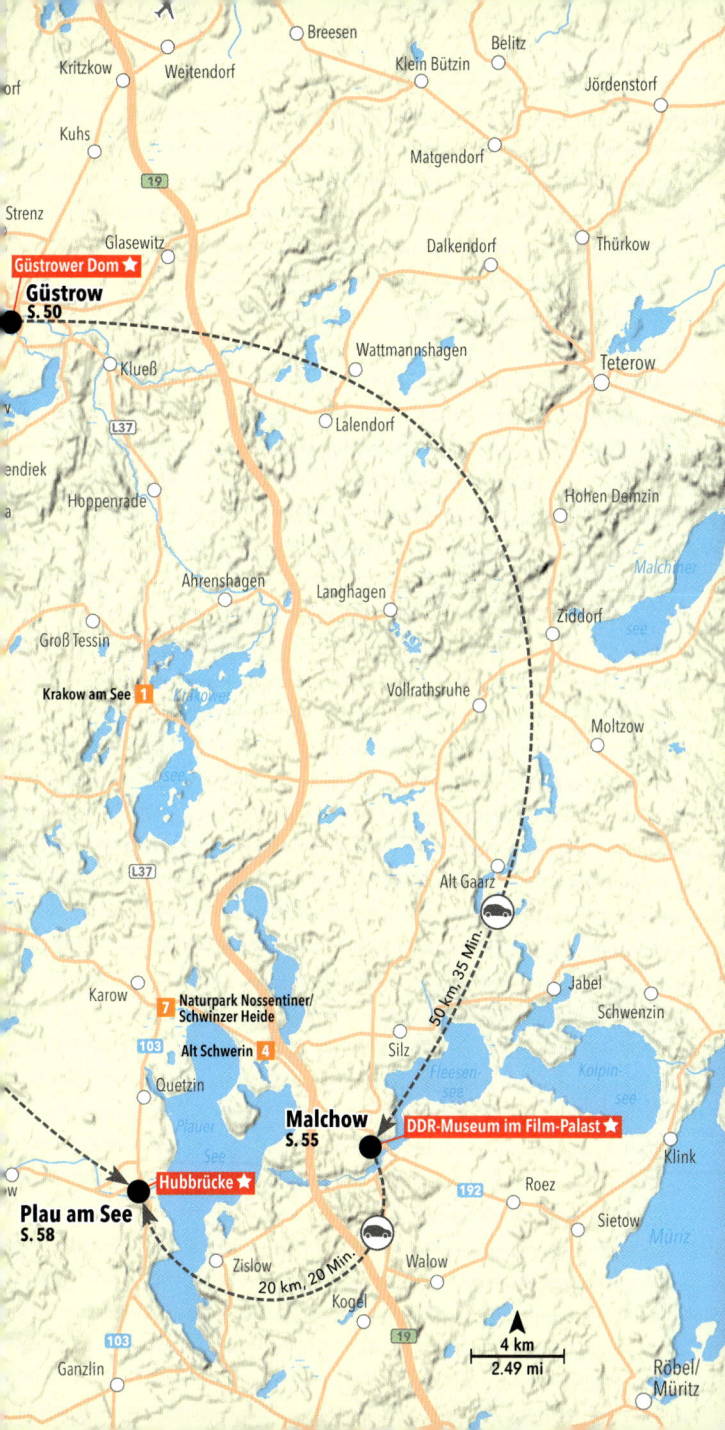

GÜSTROW

(G3) **"Entartet" – schimpften die Nazis seine Kunst. "Genial" – schwärmen Kunsthistoriker heute. Güstrow (30 000 Ew.) ist die Stadt von Ernst Barlach, der sie 1910 zu seiner Wahlheimat erkor.**

Der Bildhauer, Schriftsteller und Grafiker wird hier an jeder Ecke vermarktet. Und so trifft man Barlach bzw. seine Werke im *Dom* oder an der *Gertrudenkapelle*. Denn nachdem die Nazis seine Plastik „Der Schwebende" im Dom entfernt und unwiederbringlich eingeschmolzen hatten, schenkte die Stadt Köln Güstrow einen Nachguss, und nun schwebt er wieder, als Mahnmal für Kriegsgefallene. Barlach, der den Ersten Weltkrieg miterlebt hat, beschrieb die Inspiration für die Skulptur so: „Für mich hat während des Krieges die Zeit stillgestanden. Sie schwebte. Von diesem Gefühl wollte ich in dieser im Leeren schwebenden Schicksalsgestalt etwas wiedergeben." Das hat er geschafft.

SIGHTSEEING

ALTSTADT

Einen Spaziergang durch die Altstadt startest du am besten am Marktplatz mit seinen bunt angepinselten Bürgerhäusern. Parkt hier gerade eine Stretch-Limo, dann heiratet ein Paar im *Rathaus*, das mit seiner weißen Tortengussoptik ein beliebter Platz dafür ist. Den besten Blick auf den Marktplatz hat man vom Turm der *Marienkirche (Juni-Sept. Mo-Sa 10-17, So 13-15, April/Mai, Okt. Di-Sa 10-12, 14-16, So 13-15, Dez.-März Di-So

Die Zeit steht still, wenn du Barlachs „Schwebenden" im Güstrower Dom anschaust

VON GÜSTROW BIS PLAU AM SEE

13–15 Uhr) – aber nicht aufs Brautpaar spucken! Gen Süden schlenderst du zum ⚑ *Schloss Güstrow (Di–So 11–17, zzt. keine Führungen | schloss-gues trow.de)*. Die Mecklenburger Herzöge konnten von Schlössern offenbar nicht genug bekommen, also wurde auch hier noch eins hingesetzt, im damals hippen Renaissancestil, natürlich mit Teich und Schlossgarten. Ein Teil der Anlage ist heute Museum. Lässt du dich weiter treiben, kommst du fast automatisch zum ★ *Güstrower Dom*. Der ist nicht nur für den an Ketten hängenden „Schwebenden" des Bildhauers Ernst Barlach berühmt, sondern auch für den prunkvollen Flügelaltar voller Gold und Schnörkel – ein gesellschaftsferner Luxus, von dem die armen Bauern der damaligen Zeit nur träumen konnten.

GERTRUDENKAPELLE

In Erinnerung an Ernst Barlach werden hier einige seiner Skulpturen gezeigt und erklärt. *Di–So Mai–Okt. 10–17, Nov.–März 11–16 Uhr | Eintritt 4 Euro | Gertrudenplatz 1*

ATELIERHAUS DER ERNST-BARLACH-STIFTUNG

Ernst Barlachs Atelierhaus am Inselsee ist heute ein Museum, das den Künstler und seine Werke vorstellt. *Öffnungszeiten wie Gertrudenkapelle | Eintritt 6 Euro | Heidberg 15 | ernst-barlach-stiftung.de*

ATELIER ROESNEREI

Heike Roesner erzählt ihre Geschichten mithilfe von Papier. Mit ruhiger Hand und Geschick fertigt sie ausdrucksstarke Skulpturen und Collagen.

GÜSTROW

Di und Do 11–16, Sa 11–14 Uhr | Hageböcker Str. 12 | roesnerei.de

WILDPARK-MV
Klingt etwas trocken, ist aber cool: In einem 12 m langen Tunnel durchwanderst du einen Fluss und bist so den Fischen der Mecklenburger Unterwasserwelt ganz nah. Hechte und Aale wirken durch die Glasscheibe richtig beeindruckend.  Ein weiteres Highlight des Parks sind Wolfswanderungen, die mehrmals im Monat stattfinden, immer in der Abenddämmerung. Dem Rudel kommt man dabei erstaunlich nah *(Anmeldung unter Tel. 03843 2 46 80). April–Okt. tgl. 9–19, Nov.–Feb. tgl. 9–16, März tgl. 9–18 Uhr | Eintritt 13 Euro | Primerburg | wildpark-mv.de*

ESSEN & TRINKEN

CAFÉ KÜPPER
Schon vor 150 Jahren trafen sich die Kaffeetrinker hier zum gemütlichen Klönschnack. Torten zum Schwachwerden und selbst gebackener Kuchen mit Suchtfaktor werden drinnen und im schicken Garten serviert. *Mo–Do 9–17, Fr 11–17, So 14–17 Uhr | Domstr. 15 | Tel. 03843 68 24 85*

STRANDHAUS AM INSELSEE
Italienische Nudeln, fett belegte Pizza, eine große Terrasse und der Blick auf den See: Das Strandhaus ist eine echte Romantikeradresse. Auch bei schlechtem Wetter ist es kuschelig und draußen sitzen möglich, eingehüllt in warme Decken und durcherhitzt von Wärmestrahlern. *Tgl. | Heidberg 5 | Tel. 03843 85 02 00 | strandhaus-guestrow.de | €€€*

SPORT & SPASS

OASE
Das Erlebnisbad ist nicht nur eine Schlechtwetterlösung, sondern ein toller Ort für Sport und Entspannung, mit und ohne Kids, drinnen oder draußen. Sich mitreißen lassen im Strömungskanal, schwitzen in der Sauna oder relaxen bei einer Verwöhnmassage. Bei all dem Stress kommt dann eine Pause im Bistro oder in der Saunabar mit kühlen Getränken gerade richtig. *April–Sept. Mi, Sa/So 10–21, Do/Fr 11–21 Uhr (Okt.–März bis 22 Uhr), Mo/Di nur Sauna und Therme | Eintritt ab 5 Euro, Kinder ab 1,50 Euro (1 Std.), inkl. Sauna ab 11,50 Euro, Kinder ab 9,50 Euro (2 Std.), Familienkarte (2 Erw., 1 Kind) ab 22 Euro (3 Std.) | Plauer Chaussee 7 | oaseguestrow.de*

AUSGEHEN & FEIERN

SCHNICK SCHNACK
In der gut besuchten Szenekneipe im alten Speicher sprudeln sechs Biersorten aus den Fässern. Sogar Selbstzapfen ist erlaubt! Für den kleinen Hunger zwischendurch gibt es hausgemachtes Sauerfleisch oder Backkartoffeln. Im Obergeschoss darf geraucht werden. Uriger geht's kaum. *Mo–Sa ab 17, So ab 19 Uhr | Baustr. 35 b | schnick schnack-guestrow.de | €*

RUND UM GÜSTROW

1 KRAKOW AM SEE
20 km/20 Min. von Güstrow (Auto)

Umgeben von der Krakower Seenlandschaft mit ihren Buchten und Inseln liegt südlich von Güstrow am Seeufer das Städtchen Krakow (3500 Ew.). Kopfsteinpflaster, Backsteinkirchen, die *Synagoge (Mai–Sept. Di-Sa 9.30–12, 13-16.30, Okt.-April Di-Fr 10-12, 13-16 Uhr | Schulplatz 1)* und das *Buchdruckmuseum (Mai-Okt. Di-Sa 10-12, 13-17, Nov.-April Di-Fr 10-12, 13-16 Uhr | Schulplatz 2 | druck-buchkultur.de)* versetzen dich schlagartig zurück in vergangene Zeiten. Lange Badestege und bunte Bootshäuser mit hölzernen Plattformen für den gekonnten Sprung ins Wasser steigern dagegen den Adrenalinpegel von Anhängern des entspannten Freizeitsports. Vom *Aussichtsturm* auf dem Jörnberg hast du einen schönen Rundumblick.

Wer hätte gedacht, in diesem Naturidyll auf eines der angesagtesten Gourmetrestaurants der Mecklenburgischen Seenplatte zu stoßen? Im edlen Hotelrestaurant *Ich weiß ein Haus am See (Di-Sa 18.30-23 Uhr | Paradiesweg 3 | Kuchelmiß | Tel. 038457 232 73 | hausamsee.de | €€€)* werden heimische Fische und Flusskrebse mit Trüffeln und Gemüsepürees kombiniert. Nett ist ein Ausflug zur 8 km entfernt gelegenen *Wassermühle Nebeltal (Sa/So 12-17 Uhr | Mühlenweg 5 | Tel. 0176 61 81 28 93 | wassermuehle-*

Am Krakower See kuscheln sich die Bootshäuser ins Ufergrün

RUND UM GÜSTROW

Parade der Kindheitshelden: Sandmännchen und Co. im Malchower DDR-Museum

nebeltal.de | €). Die Mühle ist nicht nur ein technisches Denkmal, sondern auch ein chilliger Imbiss am Flüsschen Nebel. **Von hier aus startet ein schöner, 5,7 km langer Rundwanderweg durchs Nebeldurchbruchstal – immer dem gelben Punkt nach.** ⌘ G4

INSIDER-TIPP: Durch den Durchbruch

2 KLOSTER RÜHN
24 km/30 Min. von Güstrow (Auto über B 104)

Wenn's gut werden soll, muss man eben eine kleine Anfahrt in Kauf nehmen. Dafür bekommst du im Kloster Rühn regionale Produkte in Bioqualität, wie sie von den Nonnen schon vor Jahrhunderten erzeugt wurden: kaltgepresste Öle aus der Klostermühle, Marmeladen und Fruchtliköre aus dem Klostergarten und einiges mehr. Probieren kannst du die Qualität der Klosterspeisen in der *Klosterschänke* (€). So–Do 10–18, Fr/Sa 10–20 Uhr | Tel. 038461 912182 | klosterverein-ruehn.de | ⌘ F3

3 WARNOW-MILDENITZ-DURCH-BRUCHSTAL ★
35 km/35 Min. von Güstrow (Auto)

Wow! Es sind zwar nicht die Niagarafälle, doch einen so wild-romantischen Flussabschnitt gibt es in Deutschland nicht an jeder Ecke. Im Sternberger Seenland westlich von Güstrow mündet die Mildenitz in die Warnow, Mecklenburgs zweitlängsten Fluss. Die Warnow zwängt sich anschließend durch ein 3 km langes Tal mit bis zu 40 m hohen Steilhängen. Hier ist noch alles genau so, wie die Natur es geformt hat, denn seit 1965 ist das Durchbruchstal ein Naturschutzgebiet. Auf einem 4 km langen Rundweg wanderst du über Holzbrücken und vorbei an einem alten slawischen Burgwall durch dichten Mischwald. Vielleicht entdeckst du im Fluss sogar eine der stark bedrohten Bachmuscheln – die können stattliche 10 cm lang werden. Startpunkt der Wanderung ist der Parkplatz in Groß Görnow. *E3*

MALCHOW

(*H5*) **Eine Brücke ist einer der Gründe, warum du Malchow (6900 Ew.) besuchen solltest. Ein Teil der Altstadt liegt auf einer Insel, die über einen Erddamm und eine Drehbrücke zugänglich ist.**

Mehrmals am Tag wird die Brücke, die gleichzeitig auch Straße ist, zur Seite gedreht, um Hausboote und Yachten passieren zu lassen. Fußgänger und Autos dürfen dann eine halbe Stunde warten und sich das Schauspiel ansehen. Alle nehmen's entspannt, und rund um die Brücke ist eine richtige Relax-Area entstanden mit mehreren Terrassencafés zum Sitzen und Beobachten. Überall ist Wasser, denn der Ort erstreckt sich zu beiden Seiten des schmalen Malchower Sees, der im Norden in den Fleesensee übergeht. Du kannst von hier über den Plauer See direkt hinüber nach Plau am See schippern.

SIGHTSEEING

DDR-MUSEUM IM FILM-PALAST ★

„Da ist ja unsere alte Stehlampe!" „Guck mal, dein geliebtes Radio!" „Kennst du noch die Eierbecher?" Solche Ausrufe ehemaliger DDR-Kinder schallen hier durch die Räume, denn alle besaßen damals das Gleiche. Alte Erinnerungen werden geweckt durch das kunterbunte Sammelsurium. Und wer die Zeit nicht miterlebt hat, bekommt einen Eindruck von der sozialistischen Einheitlichkeit ostdeutscher Wohnzimmer. Auch die äußere Erscheinung macht dem Thema des Malchower DDR-Museums alle Ehre: graubrauner Putz, alter Schriftzug „Film-Palast", verzogene Schiebefenster. *Mai–Okt. Di–So 10–16, Nov./Dez. Sa/So 11–15 Uhr | Eintritt 7 Euro | Kirchenstr. 25 | ddrmuseum-malchow.de*

KURIOSITÄTENMUSEUM „KIEK IN UN WUNNER DI"

Anfassen erlaubt! Das Museum auf dem Gelände des alten Klosters zeigt, wie man zu Beginn des 20. Jhs. wohnte. Nix mit Fußbodenheizung und Designerschick: Waschbottiche und Toiletten mit Sandspülung waren der Hit. Die alte Küche im Shabby Chic wäre es heute auch schon wieder. **INSIDER-TIPP Bitte lächeln!** Der Kracher ist die nachgebaute Zahnarztpraxis: Setz dich ruhig mal auf den Behandlungsstuhl für ein lustiges Foto … *Mai–Sept. Di–So 10–17, April/Okt. 10–16 Uhr | Eintritt 5 Euro | Friedrich-Lessen-Weg 1 | kiekinunwunnerdi.de*

MALCHOW

ESSEN & TRINKEN

DAT FISCHHUS
Hier gibt's Klassiker aus dem Wasser in freundlich-rustikalem Ambiente: Fischsuppe, Fischplatte, Räucherfisch von Aal bis Saibling. Draußen sitzen geht auch, und zwar mit Blick auf die Drehbrücke. *Tgl. | Kirchenstr. 2 | Tel. 039932 4 74 10 | fischhaus-malchow. de | €€*

EISCAFÉ & PIZZERIA AL PORTO
Ein Eis schlecken aus dem Eiswagen ums Eck oder Carpaccio, Melone mit Parmaschinken oder Focaccia essen und nebenbei den Booten und Yachten beim Durchfahren der Drehbrücke zusehen – die Chefs des Caférestaurants wussten schon ganz genau, wo sie Position beziehen. Hier ist gut was los, vor allem auf der großen Terrasse vor dem Lokal. *Tgl. | Kirchenstr. 1 | Tel. 039932 4 73 37 | alportomalchow.de | €-€€*

RISTORANTE DON CAMILLO
Mal Bock auf Italienisch? Denn dieser Laden lohnt sich! Tolle Aussicht. Gute Lage. Vom simplen Nudelgericht über herzhafte Pizza bis hin zum Bistecca ist alles zu haben. *Tgl. | Lange Str. 68 | Tel. 039932 1 40 71 | don-camillo-malchow.de | €-€€€*

SPORT & SPASS

Bei so viel Wasser rund um den Ort ist einiges los. Mit einem führerscheinfreien Motorboot *(ab 25 Euro)* oder einem Partyfloß von *Bootforfun (Mai–Okt. Mo–Sa 10–18, So 14–18 Uhr | Lange Str. 11 | bootforfun.de)* erkundest du Malchow und seine Umgebung vom Wasser aus – der Wind um die Nase gibt dir dabei ein herrliches Gefühl von Freiheit. Mehrere Schiffsverbindungen der *Reederei Pickran (Kirchenstr. 2 | ab 15 Euro, Fahrrad 4 Euro, Familienmontag: Kinder bis 14 Jahre fahren kostenlos mit | Wochenfahrplan unter pickran.de)* führen über verschiedene Seen. Mehrmals pro Woche starten am Anleger an der Drehbrücke die Linienschiffe der *Blau-weißen Flotte (Mai–Sept. Di/Mi/Fr/So 12 Uhr | 15 Euro | blau-weisse-flotte.de)* nach Plau am See, von wo aus du mit dem Fahrrad nach Malchow zurückfahren kannst.

SOMMERRODELBAHN & AFFENWALD MALCHOW
Wer hat die Kokosnuss geklaut? Na, die Berberaffen im Affenwald Malchow! Neugierig begleiten dich große und kleine, alte und junge Affen, um eventuell eine Sonnenbrille oder eine Mütze zu ergattern. Also unbedingt vorsichtig sein und etwas Abstand halten! Haben die Affen dich wieder freigelassen, drehst du ein paar Runden auf der Sommerrodelbahn – immer wieder eine echte Gaudi. *April–Okt. tgl. 9–18 Uhr | Eintritt Affenwald 5 Euro, Kinder 4 Euro, Einzelfahrt Rodelbahn 2,50 Euro, Kinder 2 Euro | Karower Chaussee 6 | sommerrodelbahn-malchow.de*

TRABITRIP
Es ruckelt und stinkt, doch der Spaßfaktor ist hoch: Mietet euch eine der DDR-Kultkarossen, und los geht's im

VON GÜSTROW BIS PLAU AM SEE

Ein gewichtiger Star im Agroneum in Alt Schwerin ist die Dampfpflug-Lok von 1915

Knattertakt durch die mecklenburgische Landschaft. Auch Deluxe- und Cabriovarianten werden angeboten. *Liepener Str. 4 | Hohenwangelin | Tel. 039933 7 38 69 | trabitrip.de*

WELLNESS

FLEESENSEE RESORT & SPA
Eine riesige Spalandschaft besitzt dieses nur 6,5 km von Malchow entfernte Hotel. Exklusiv relaxen in einer privaten Spasuite mit Sauna, Whirlwanne, Kamin und Terrasse – alles ist möglich am Fleesensee. Das Badehaus besitzt Pool und Fitnessraum, und bei Yoga und Qigong besinnst du dich ganz auf dich selbst. *Zum Fleesensee 1 | Untergöhren | Tel. 039932 8 07 00 | fleesensee-resort.de*

RUND UM MALCHOW

4 ALT SCHWERIN
8 km/25 Min. von Malchow (Fahrrad über Lindenallee)
Was ist ein Agroneum? Im Prinzip ein Freiluftmuseum, in dem sich alles um bäuerliches Leben und die Geschichte der Landwirtschaft dreht. Gerätschaften, alte Landmaschinen und eine alte Schule kannst du im *Agroneum (April–Okt. tgl. 10–16 Uhr | Achter de Isenbahn 1 | agroneum-altschwerin.de)* von Alt Schwerin besichtigen. Schlendere ruhig auch eine Runde durch den Ort, tingel um den Tauchowsee und gönn dir ein gesundes Fischge-

PLAU AM SEE

richt aus örtlichem Fang im Fischrestaurant *Zur Forelle* (tgl. | Wendorf 4 | Tel. 039932 49905 | *fischerei-altschwerin.de* | €€–€€€). G5

PLAU AM SEE

(G5) **Das Städtchen Plau (5800 Ew.) strotzt vor Gemütlichkeit. Kopfsteinpflaster, Fachwerkhäuser, und mittendrin bahnt sich das Flüsschen Elde kanalartig seinen Weg in den Plauer See.**

Die *Hubbrücke* am Fluss ist das Highlight der Stadt. Im Hafen dümpeln Yachten und Fischerboote, und vom kleinen *Leuchtturm* hast du eine schöne Aussicht. Und geh unbedingt die Straße *Am Eichberg* entlang: Von der Marienkirche aus gesehen steht gleich links ==ein kurioses Häuschen, in dem die Kinderbuch-Helden Pettersson und Findus wohnen könnten.== Im Sommer ist es hier aber vorbei mit der Beschaulichkeit. Im Juli startet die *Badewannenrallye* (*ilowewanne.de*) im Plauer See, und Besucher aus aller Welt haben ihren Spaß, all den kuriosen Gefährten beim Absaufen zuzusehen. Und auch beim *Altstadtfest* im August zeigen die Plauer, was Feiern bedeutet.

INSIDER-TIPP
Wie im Bilderbuch

SIGHTSEEING

BURG PLAU
Wie lebte es sich in und um Plau im 19. Jh.? Welche Berufe gab es, und

Fischer und Freizeitkapitäne – alle müssen sie unter der Plauer Hubbrücke durch

VON GÜSTROW BIS PLAU AM SEE

wie wurde gearbeitet? Das *Museum* in der Burg Plau, die nach und nach saniert wird, lässt dich fühlen, wie das Leben als Schuster, Schiffer, Fischer oder Drucker früher war. Mit einer intakten Turmuhr von 1581 und einem 11 m tiefen Verlies macht auch der *Burgturm* von 1449 noch ordentlich was her. *Tgl. 10–17 Uhr | Eintritt Museum 2,50, Burgturm 1,50 Euro | Burgplatz 2 | burgmuseum-plau.eu*

HUBBRÜCKE ★
Die Plauer Hubbrücke ist das Wahrzeichen der Stadt. Der Name Plau kommt vom slawischen Plawe und bedeutet „Flößerort". Und flößen konnte man hier gut, denn die Stadt liegt am Ausgang der Müritz-Elde-Wasserstraße. Die Elde, Mecklenburg-Vorpommerns längster Fluss, verbindet die Müritz mit der Elbe. Bevor die 13 m lange, stählerne Hubbrücke 1916 gebaut wurde, gab es hier nur eine simple Zugbrücke aus Holz. Die Durchfahrtshöhe für Schiffe ist vom Wasserstand abhängig, die Brücke kann bis zu 1,86 m hochgefahren werden. Zu sehen gibt's im Sommer jede Menge Paddler, Yachten und Fischerboote, die die Brücke passieren. Verhungern muss man auch nicht: Das Ehepaar Uteß verkauft im ❤ *Plauer Imbiss (tgl. | an der Hubbrücke)* Fischbrötchen für um die 2 Euro, Lachsknacker und verschiedene Fischsalate.

BIENENMUSEUM
Es gibt keine Bienen mehr? Von wegen! Hier summen sie fröhlich vor sich hin, und du kannst ihnen dabei zusehen. Den Honig der *Imkerei Bode* bekommst du im Hofladen und kannst natürlich vorher Akazie, Wildblume oder Kastanienblüte durchkosten. Woher der Imker weiß, welche Sorten welche Biene bringt? Das kleine Bienenmuseum erzählt es. *April–Sept. Mo–Fr 10–18, Sa 10–15, So 11–14, Okt.–März Mo–Fr 10–16.30, Sa 10–14 Uhr | Rostocker Chaussee 61 | bienen-bode.de*

ESSEN & TRINKEN
ZEISLERS ESSZIMMER
Lammkeule oder Dorschfilet, Ziegenkäse-Risotto oder Rinderbäckchen – das Ehepaar Zeisler bringt auch ausgefallene Kreationen auf den Tisch und bewirtet Gäste supernett, selbst wenn es voll ist. Euren Platz im futuristisch-modernen Ambiente könnt ihr auch online buchen. *Di/Mi geschl. | Strandstr. 4 | Tel. 038735 49 70 00 | zeislers.de | €€–€€€*

FACKELGARTEN
Moderne Glasfront, Lederstühle, Geschirr und Besteck in originellem Design: Hier wird Wert auf das Besondere gelegt, auch beim Essen. Probier als Vorspeise die Fischpralinen und danach Fackelgartens Surf & Turf – sehr fein! Abends brennen im Garten die Fackeln und spiegeln sich in der Elde. *M–So 12–22 Uhr | Dammstr. 1 | Tel. 038735 85 30 | fackelgarten.de | €€€*

SHOPPEN
PLAUDER-KÄSEECK
Scharf oder mild, mit Nüssen oder Bärlauch – alles an Käse gibt's im Kä-

seeck. Echte Käsefans probieren gleich im Bistro mit seinem gemütlichen Bauerngarten. *So/Mi geschl. | Wallstr. 2 | plauder-kaeseeck.de*

FISCHERHOF PLAU
Fisch auf die Faust heißt die Devise beim Fischerhof. Du bekommst „Fisch to go" aus einer großen Theke, frisch und geräuchert. *An der Metow 13 | 700 m vom Leuchtturm am Hafen*

SPORT & SPASS

RUNDBUS PLAUER SEE
Regenwetter? Kein Problem! Mit dem Rundbus entdeckt ihr Plau, Alt Schwerin, die Nossentiner/Schwinzer Heide, Malchow und andere Orte um den Plauer See ganz bequem auch bei schlechtem Wetter. An 21 Haltestellen kann man aus- und einsteigen und so selbst bestimmen, was man sich ansehen möchte. Bei Sonnenschein fährt der Bus „oben ohne". *Mai–Sept. tgl. 9–17 Uhr alle 2 Std. | Ticket 16 Euro (24 Std. gültig), Familienkarte 36 Euro, auch Mehrtages- und Kombitickets, Kinder unter 6 Jahren frei | rundbus.de*

RUND UM PLAU AM SEE

5 BRAUEREI LÜBZ
17 km/20 Min. von Plau am See (Auto)

„Von hier. Natürlich." So der Werbespruch des beliebten regionalen Biers aus der Kleinstadt Lübz (6000 Ew.). Wie das Lübzer gebraut wird, zeigt das Unternehmen gerne bei einer Führung vorbei an Braukesseln und der Filtrationsanlage. Anschließend wird natürlich in der *Lübzer Turmstube* verkostet. Zwei Getränke sind im Eintrittspreis schon enthalten. Ein Gastgeschenk gibt's obendrauf. *Führung nach Voranmeldung (tel. oder online) Mo–Fr 9.30 und 14 Uhr | Eintritt 5 Euro | Eisenbeissstr. 1 | Tel. 038731 360 | besichtigung@luebzer. de | luebzer.de | F5*

INSIDER-TIPP
Prost mal zwei

6 LANGENHÄGENER SEEWIESEN
28 km/25 Min. von Plau am See (Auto)

Hier kannst du spätestens im Herbst Zeuge eines echten Naturhighlights sein: Im Schutz- und Feuchtgebiet um Langenhagen nordwestlich von Plau rasten bis Oktober/November Tausende Kraniche und freuen sich über reichlich Nahrung, die sie im flachen Wasser finden: Lurche, Moorfrösche, Blindschleichen und Knoblauchkröten. Seit dem Frühjahr sammeln sich die großen, grauen Vögel hier, nisten und brüten, um im Herbst in kräftesparender V-Formation gemeinsam zu den Winterquartieren aufzubrechen: ins wärmere Spanien und nach Südfrankreich. Die haben eben Geschmack ... Von ausgewiesenen Wegen und Plattformen kannst du die eleganten Tiere beobachten und ihren trompetenartigen Rufen zuhören. *F4*

VON GÜSTROW BIS PLAU AM SEE

Ein erschöpfter Seeadler hat seine fette Beute im Flachwasser abgelegt

7 NATURPARK NOSSENTINER/ SCHWINZER HEIDE

21 km/20 Min. von Plau am See (Auto)

Durchschnittlich leben in Deutschland ca. 230 Menschen auf einem Quadratkilometer, in der Nossentiner/Schwinzer Heide sind es nur neun. Nördlich von Plau erstreckt sich ein Naturpark der Extraklasse. 60 Seen, 355 km² Wald und Moorlandschaft, dazwischen versteckte Gutsdörfer wie *Karow, Glave* oder *Neu-Sammit*. Ihre prachtvollen Herrenhäuser mit den stolzen Parkanlagen erinnern an die Zeit der Gutsherrschaft und sind heute wunderschöne Picknickplätze. Es lohnt sich, die Augen offen zu halten: Mit großer Wahrscheinlichkeit kreist irgendwo in der Nähe ein Seeadler, mit einer Flügelspannweite von über 2 m nicht zu übersehen. Vom *Aussichtsturm Moorochse* am Nordufer des Plauer Sees zwischen Alt Schwerin und Karow kannst du Kormorane, Fischadler und Eisvögel beobachten.

Ein wunderschönes Ziel ist das klassizistische *Schloss Karow (Parkstr. 1 | Tel. 038738 7 06 00 | schloss-karow.de)* mit seinem weitläufigen Park. Versteckt auf einer kleinen Halbinsel am Dobbertiner See liegt das *Kloster Dobbertin (kloster-dobbertin.de)* aus dem 13. Jh. Sein markanter Doppelturm ragt hoch über knorrige Eichen. Du kannst die große Anlage bei einer Führung *(Mai–Sept. Mi/Sa 15 Uhr | 5 Euro | Anmeldung unter Tel. 038736 86121 oder foerderverein@kloster-dobbertin.de)* besichtigen und im *Klostercafé (Mo geschl. | €)* im Brauhaus frisch gebackenen Kuchen, einen Snack aus der Klosterküche oder ein leckeres Eis genießen. *F–H 4–5*

MECKLEN-BURGISCHE SCHWEIZ

ÜBERRASCHEND RUHIG

Die Schweiz ist es nicht ganz, aber hügeliger als der Rest der Seenplatte ist es hier schon. Eine Wandergegend: überall grüne Schilder. Und einsamer als im Rest der Seenplatte ist es auch, die Ortschaften liegen weiter auseinander. Zwischen ihnen leuchten im Frühling die gelben Rapsfelder.

Hier ist es weniger touristisch, alles schon ein bisschen mehr ab vom Schuss. In drei Seen kannst du im Sommer baden – oder auch im Winter, je nach persönlichem Härtegrad. Der Teterower See ist der

Lust auf Abenteuer? Dann ab zur Paddeltour auf der Peene!

kleinste, gefolgt vom Malchiner und dem Kummerower See. Dazwischen träumen romantische Schlösser mit weiten Parks und ein paar nette Städtchen, und die ältesten Eichen Europas wachsen in einem abgelegenen Wald. Abenteuerlich wird es bei einer Kanutour auf dem verschlungenen Peene-Fluss – dem „Amazonas des Nordens". In der Ruhe der Natur kannst du Wasservögel, Biber und andere Tiere beobachten.

So alt wird kein Mensch: die älteste und stärkste der Ivenacker Eichen

KUMME- ROWER SEE

(K2-3) **Eine Landschaft für alle Sinne: weiße Segel für die Augen, sanfte Wellen auf die Ohren und eine tolle Konditorei für Nase und Gaumen. Als viertgrößter See Mecklenburg-Vorpommerns ist der Kummerower See ein Wassersport- und Badeparadies.**

Aber du wirst sicher nicht nur im Wasser planschen, denn fast noch mehr Spaß macht es, die Gegend zu durchstreifen. Rund um den See liegen versteckte Naturwunder und unerwartet schöne Ausblicke. Nördlich des Kummerower Sees beginnen die noch ursprünglichen und wilden Wasserwelten der Peene, gern bezeichnet als „Amazonas des Nordens". Bis zum Städtchen Demmin und weiter bis nach Anklam kannst du auf diesem Fluss mit dem Kanu paddeln und dabei mit Bibern und Eisvögeln als Fotomodell konkurrieren.

ORTE AM SEE

1 DEMMIN

Beim Spaziergang durch die Stadt (11 000 Ew.) entdeckst du ein paar historische Gebäude: Der alte *Pulverturm* steht noch und das *Luisentor,* ein Überbleibsel der Stadtmauer. Im Hafenviertel gibt es noch einige historische Speicher, wie den *Lübecker Speicher,* der heute ein Kulturzentrum ist. Auf dem Friedhof an der Kirche *Sankt Bartholomaei (Kirchplatz 7)* erinnert

MECKLENBURGISCHE SCHWEIZ

ein Findling an einen Massensuizid: Knapp 1000 Demminer Bürger nahmen sich, abgeschnitten von jedem Fluchtweg, am Kriegsende 1945 aus Angst vor den Gräueltaten der anrückenden Roten Armee kollektiv das Leben. Die Russen zerstörten 80 Prozent der Stadt.

Wieder auf andere Gedanken kommst du im Museumsdorf *Hanseviertel (Mai–Sept. tgl. 10–17 Uhr | Kahldenstr. 29 | hanseviertel-demmin.de)* auf der Fischerinsel, wo du komplett ins Mittelalter zurückkatapultiert wirst. *L2*

2 IVENACKER EICHEN ★

Düster, mächtig, beeindruckend – die größten Eichen Europas machen wirklich was her. Mit 33,5 m Höhe und einem Umfang von 11,35 m, was einem Kreis von acht Erwachsenen mit ausgestreckten Armen um den Baum entspricht, ist die mächtigste Ivenacker Eiche noch größer als ihre imposanten Brüder in England, Polen und Schweden. Und alt ist sie – weit über 1000 Jahre hat sie auf dem Buckel. So mancher Häuslebauer würde sich über diese 140 m^3 Bauholz freuen. Doch die Eichen sind natürlich geschützt und wurden im August 2016 als erstes Nationales Naturmonument Deutschlands ausgezeichnet. Ein Besuch ist zu jeder Jahreszeit faszinierend, zumal ein *Tiergarten* mit Dam- und Muffelwild gleich nebenan liegt. Über einen *Baumkronenpfad* und von der 35 m hohen *Aussichtsplattform* wird die Größe der Ivenacker Baumgiganten erst richtig deutlich. *März Sa/So 9.30–16, April/Okt. tgl. 9.30–17, Mai–Sept. bis 18 Uhr, letzter Einlass Baumkronenpfad 1 Std. vor Schließung | Eintritt Tiergarten 5 Euro, Tiergarten und Baumkronenpfad 9 Euro | ivenacker-eichen.de | K3*

3 STAVENHAGEN

Das Städtchen (5700 Ew.) hat einen berühmten Sohn, dessen Lebenslauf zeigt, dass man es auch als schlechter Schüler, Ex-Häftling und enterbter Nachkomme zu etwas bringen kann: Fritz Reuter ist einer der bedeutendsten Dichter und Schriftsteller der niederdeutschen Sprache, genauer gesagt der mecklenburgisch-vorpommerschen Mundart. Und deshalb gibt es hier eine Reuterstraße, einen Reuterplatz, eine Reuterschule, eine Reuterapotheke, natürlich ein Reuterdenkmal und am Ortsausgang die berühmte Reutereiche. Im *Fritz-Reuter-Literaturmuseum (April–Okt. tgl., Nov.–März Di–So 10–17 Uhr | Markt 1 | fritz-reuter-literaturmuseum.de)* erfährt man alles über Leben und Werk des Schriftstellers. Und noch mehr über die „Reuterstadt" in der *Stadtinformation (stavenhagen.de)*, die im Innenhof des Museums untergebracht ist. Einen Abstecher ist das gelb getünchte *Barockschloss* wert: Im romantischen Schlosspark kannst du auf grünen Wiesen picknicken oder einfach nur in der Sonne sitzen. *K3-4*

4 SCHLOSS KUMMEROW

Das spätbarocke Schloss kannst du auf eigene Faust bis zum Dachgeschoss hinauf besichtigen. In den ehemaligen Wohnräumen ist eine der führen-

KUMMEROWER SEE

den fotografischen Privatsammlungen Deutschlands zu sehen. Werke internationaler Fotografen vom Zweiten Weltkrieg bis heute werden gezeigt. Der Clou: Die Bilder sind nicht in gänzlich neu restauriertem Ambiente ausgestellt, sondern geschmackvoll in die Spuren der Vergangenheit eingepasst, die trotz Sanierung bewusst sichtbar gelassen wurden. *Juni–Sept. Mi–So, April/Mai, Okt. Fr–So 11–17 Uhr | Dorfstr. 114 | Kummerow | schloss-kummerow.de |* 💢 *K3*

5 DARGUN

In einem Seitental der Peene schlummert das Städtchen (4300 Ew.), wenige Kilometer nördlich des Kummerower Sees. Obwohl ganz klein und mit ländlichem Charme, besitzt Dargun eine große *Schlossanlage* mit einem angebauten *Kloster*. 1945 wurden beide bei einem großen Brand zerstört und fristen nun ein zwar ruinöses, aber immer noch beeindruckendes Dasein. Beim Schlendern durch die alten Gemäuer stößt ihr garantiert auf den dunkelgrünen *Klostersee* – wenn das keine schöne Gelegenheit zum Baden ist! Im *Klosterladen (klosterladen-dargun.de)* oder im kleinen *Klostercafé (tgl.)* findet sich für jeden ein Souvenir, z. B. handgesiedete Seife, oder eine Leckerei, wie hausgemachter Kuchen. In der Mitte des Klosters und im *Museum Uns Lütt (April–Okt. Sa/So, Juli/Aug. auch Mi/Do 13.30–16.30 Uhr | Klosterdamm 6 | museum-dargun.de)* werden die Geschichte Darguns und das Leben auf dem Land

INSIDER-TIPP Pack die Badehose ein

vorgestellt: Schwingt ruhig mal den Hammer in der Schmiede – eine schweißtreibende Sache. Also gleich noch mal in den Klostersee. Oder ihr geht zum Bahnhof und lasst euch bei einer Fahrt mit der *Naturpark-Draisine* (s. S. 70) den Wind um die Achseln wehen. 💢 *K2*

ESSEN & TRINKEN

DEMMINER MÜHLE

In Demmin solltest du unbedingt die denkmalgeschützte Achtständer-Turmwindmühle besuchen – bzw. das mit viel Holz gestaltete Restaurant nebenan mit seinem großen Biergarten. Es bietet regionale Küche – und übernachten kannst du hier auch. *Tgl. | An der Mühle 3 | Demmin | Tel. 03998 28 05 50 | hotel-demminer-muehle.m-vp.de | €€ |* 💢 *L2*

BÜXE

Wer Bier mag, ist in dieser urigen Kneipe richtig. Die Büxe ist immer gut besucht und schenkt auch interessante ausländische Biersorten aus. Und dazu kannst du dir einen der leckeren Burger gönnen. *Mo geschl. | Markt 6 | Stavenhagen | Tel. 039954 2 70 70 | € |* 💢 *K3–4*

BEI MOLLI

Der Name klingt erst mal gewöhnungsbedürftig, aber die Gaststätte der Hotel-Pension Moll ist richtig gut! „Brunnenkamin", Bambustresen und Wintergarten sorgen für eine angenehme Atmosphäre. Aus der Küche kommt echte Hausmannskost, die immer frisch ist. *Nur abends | War-*

MECKLENBURGISCHE SCHWEIZ

Die Darguner Klosterkirche St. Marien ist für eine Ruine ganz schön prächtig

sow 44 | Neukalen | Tel. 039956 2 08 27 | hotelpension-moll.de | € | J3

SHOPPEN

FAMILIENKONDITOREI KOMANDER

INSIDER-TIPP
Kuchen mit Promistatus

Er ist besonders lecker und berühmt in ganz Deutschland – der Ivenacker Baumkuchen hat sogar eine eigene Website! Inspiration für den patentgeschützten Kuchen waren die uralten Eichen, die ganz in der Nähe wachsen. In der Konditorei kannst du aber auch Biopralinen und andere Leckereien probieren. So/Mo geschl. | Dorfstr. 7–9 | Grammentin | ivenacker-baumkuchen.com | K3

SPORT & SPASS

In Verchen (K2) im Norden des Kummerower Sees steht alles im Zeichen der ★ Peene (s. S. 120), denn der Fluss bahnt sich von hier seinen Weg in Richtung Demmin. Leiht euch Kanus bei Abenteuer Peenetal (Seestr. 7 | Verchen | Tel. 039994 74 99 37 | abenteuer-peenetal.com) und paddelt über den Fluss oder den See. Für ein Päuschen taugt der Wasserwanderrastplatz Aalbude (tgl. | Tel. 039959 2 76 79 | ausflugsrestaurant-aalbude.de | €€) nahe der Peene-Mündung in den See. Vom Aussichtsturm sieht die Landschaft eindrucksvoll aus.

HAUSTIERPARK LELKENDORF

Hier sieht man sie noch: Wollschweine, Pommernschafe, Thüringer Land-

MALCHINER SEE

ziegen, Steppenrinder und Shetlandponys grasen auf den Weiden oder schlummern in ihre Ställen. Vor allem Nutztierrassen, die fast ausgestorben sind, werden im Haustierpark gezüchtet. Einige Tiere dürft ihr auch streicheln und füttern. Zum Austoben gibt's für die Kinder einen großen Spielplatz. *Tgl. 10–17 Uhr | Eintritt 8 Euro, Kinder 2 Euro, Familien 16 Euro | Peeneweg 26 | Lelkendorf | haustierpark.com |* ▯ *J2*

NATURPARK-DRAISINE DARGUN

Das ist mal eine etwas andere Art der Fortbewegung: Mit der Fahrrad-Draisine geht es auf alten Bahnschienen durch die Natur. Platz für Fahrräder ist auch. Die Strecke führt über 17 km von Dargun nach Salem und zurück. Ihr durchquert Blättertunnel und weite Felder und kommt an zwei Badestellen vorbei. Eine Snackpause solltet ihr unbedingt an *Katja's Bahnhofscafé (Mai–Sept. tgl. | Neukalen)* direkt an den Gleisen einlegen.

> **INSIDER-TIPP**
> **Limo im Güterwagen**

Im alten Güterwaggon isst man nostalgisch gut, dazu gibt's hausgemachte Limonade. *Abfahrt April–Okt. tgl. 9–11 Uhr | 40 Euro pro Tag und Draisine | Bahnhof Dargun | Tel. 039959 2 78 04 | naturpark-draisine. de |* ▯ *K2*

STRAND

Eine schöne Badestelle mit Sand und einem flachen Einstieg ins Wasser des Kummerower Sees liegt im Park gegenüber von Schloss Kummerow.

MALCHINER SEE

(▯ J3–4) **Der Malchiner See gefiel den adligen Mecklenburgern besonders gut, deshalb umpflasterten sie ihn mit ihren Schlössern. Hier sind es jedoch keine großen Prunkbauten wie in Schwerin oder Güstrow. Kleine, feine Jagdschlösser mussten es sein, zur Erholung von den anstrengenden Regierungsgeschäften.**

Also auf zur Schlössertour! In den meisten kannst du im zugehörigen Restaurant oder Café eine Pause vom Sightseeing einlegen. Die Landschaft mit ihren Alleen und im Sommer mit goldgelben Kornfeldern ist wunderschön. Durch den 8 km langen See fließt die Westpeene und verlässt ihn wieder an seinem nordöstlichen Ende beim Naturschutzgebiet *Kalk-Zwischenmoor Wendischhagen*.

ORTE AM SEE

6 MALCHIN

Malchin (7500 Ew.) ist ein hübsches Kleinstädtchen, das im Zweiten Weltkrieg viel abbekommen hat. Die Altstadt erstreckt sich zwischen dem *Kalenschen Tor* und dem *Steintor,* zwei von einst vier großen Toren der alten Stadtmauer. Gleich an zwei Orten hast du einen Blick von oben: vom Turm der für die kleine Stadt viel zu mächtigen *St.-Johannis-Kirche* und vom *Rathausturm* gleich daneben, der allerdings deutlich niedriger ist. Etwas

MECKLENBURGISCHE SCHWEIZ

skurril ist die *Stadtinformation (malchin.de)* – sie befindet sich in der Sakristei der St.-Johannis-Kirche.
Stolz sind die Malchiner auf einen erfindungsreichen Sohn der Stadt, der lange in Wien lebte: Siegfried Marcus galt in Österreich als Erfinder des Autos, der es vor Carl Benz und Gottlieb Daimler, nämlich schon 1875, auf die Straße gebracht haben soll. Doch die Chronisten irrten: Der erste „Marcus-Wagen" mit Benzinmotor tuckerte erst 1888 los, zwei Jahre nach Benz' Motordreirad. Das kam aber erst Ende der 1960er-Jahre ans Licht. *J3*

7 BASEDOW ★

Es spiegelt sich wunderbar im kleinen Schlossteich: Das weiß und rostrot getünchte *Renaissanceschloss Basedow (Dorfstr. 102)* gehört zu den bedeutendsten Schlossanlagen in Mecklenburg-Vorpommern. Kein Wunder, denn es ist grandios gebaut mit vielen Türmchen und Erkern. Im Herbst wirken die Farben des umliegenden *Landschaftsparks,* designt ab 1835 vom Stararchitekten Peter Joseph Lenné, besonders prächtig. Einen Blick solltest du auch in die *Dorfkirche* werfen, denn sie stammt aus dem 13. Jh. Die ältesten Teile sind aus groben Feldsteinen und lassen sich von außen gut erkennen. Innen siehst du die Grabplatten der Familienmitglieder aus dem Adelsgeschlecht Hahn, die auch das Schloss erbauen ließen. Basedow lädt dazu ein, sich den Bauch mit Kuchen vollzuschlagen, denn im Dorf gibt es gleich zwei gute Cafés: Der *Alte Schafstall (tgl. | Wargentiner Str. 7 | Tel. 03995 7 2 04 54 | alter-schafstall-basedow.de)* serviert hausgemachten Kuchen, aber auch Kesselgu-

INSIDER-TIPP
Kleines Dorf, großer Genuss

Wo geht's lang zum Urlaubsglück? Immer mit der Fahrrad-Draisine den Schienen nach!

MALCHINER SEE

Haute Cuisine in hohen Hallen: das Restaurant im Wappensaal der Burg Schlitz

lasch oder Kartoffelsalat zu Lammkoteletts. In vollen Regalen mit Kunsthandwerk und Bioprodukten kannst du lange stöbern. Das schicke *Café am Schloss (tgl. | Am Schloss 8 | Tel. 039957 29 62 30)* mit seinen weißen Korbsesseln bietet nicht nur den Blick auf den Schlossteich, sondern auch selbst gemachte Torten und Kuchen und Eis. *J3–4*

8 WASSERBURG LIEPEN
Umgeben von einem breiten Wassergraben und versteckt hinter großen Weiden, wirkt die einstige Wasserburg beim Örtchen Gielow wie aus einem Märchen. Die Adelsfamilie Hahn erbaute den Herrschaftssitz um 1337, und das Anwesen war bis zur Enteignung im Jahr 1945 in ihrem Besitz. Erst 2015 konnte sie das Herrenhaus zurückkaufen und eine Gutsmanufaktur eröffnen. Hier kannst du im *Hofladen (unregelmäßig geöffnet)* z.B. „Alte Pomeranze" kaufen, einen Bitterlikör aus Pomeranzen, der Urform der Orange. *Liepen 32 | Gielow | wasserburg-liepen.de | J4*

ESSEN & TRINKEN

FARMER STEAKHOUSE
Zwischen knallrotem Leder-Interieur, chilligem Licht und einem großen Leuchtstier an der Wand werden saftige Steaks, Rinderfilets oder Spareribs serviert. Das Klinkerhaus und der tolle Biergarten sind schon wegen der Optik einen Besuch wert. *Tgl. | Brauereiweg 3 | Basedow | Tel. 039957 2 96 67 | farmer-steakhouse.de | €€€ | J3–4*

BURG SCHLITZ
Luxuriös geht es zu im klassizistischen Schlosshotel mit dem riesigen Landschaftspark. Im *Gourmetrestaurant im*

MECKLENBURGISCHE SCHWEIZ

Wappensaal (nur abends, Mo/Di geschl. | €€€) mit Kronleuchtern und Parkett werden saisontypische Menüs serviert. Tagsüber ist fürs stilvolle Speisen das *Café & Brasserie Louise (tgl., So/Mo auch abends | €€€)* zuständig. Hohen Demzin | Tel. 03996 127 00 | burg-schlitz.de | ⌨ *H4*

SPORT & SPASS

Wassersport ist angesagt, und Malchins Wasserwanderrastplatz *Koesters Eck* am Dahmer Kanal ist ein beliebter Treff für Kanuten und Segler. Wer ohne Boot anreist, kann hier bei *Wasserfreizeit Bremer (Am Kanal 2 | Tel. 03994 22 36 65 | wasserfreizeit.com)* ein Kanu, ein Motor- oder Hausboot leihen. Angelkarten gibt's auch.

TETEROWER SEE

(⌨ J3) **Schnackenlang und Krummenlang sind keine Spitznamen für Hausmücken, sondern Teile des Naturschutzgebiets Binsenbrink an der Westseite des Teterower Sees. Augen auf, denn auf und um diesen kleinen See gibt es eine Menge zu entdecken.**

Und lauscht mal: nichts, außer Zwitschern und dem Plätschern des Wassers ... Denn Motorboote sind auf dem Teterower See nicht erlaubt. Dafür ist er ein gutes Segelrevier für Jollen und Segelkutter. Jedes Jahr zu Pfingsten wird es dann aber doch mal ziemlich laut, denn dann findet das *Internationale Bergringrennen (bergring-teterow.de)* statt, ein bekanntes Motorradrennen auf Europas schönster Grasrennbahn.

ORTE AM SEE

9 TETEROW

Das Highlight in der kleinen Stadt Teterow (9000 Ew.) ist das schick sanierte historische *Mühlenviertel*. Das alte *Feuerwehrspritzenhaus (Juni–Sept. Sa 14–17 Uhr und nach Vereinb. | Am Mühlenteich | Mobiltel. 0174 790 94 98)* mit seinem hohen

TANTE EMMA RELOADED

Mecklenburgs Landbewohner sollen in ihren Dörfern wieder das Nötigste einkaufen können. Motto: Lieber frisch und direkt vor der Tür shoppen als im Supermarkt. So wie früher. Förderprogramme unterstützen deshalb lokale Unternehmen und locken erste Start-ups an. In Suckow bietet der *Dorfladen (Fr | Dorfstr. 32 | ⌨ F6)* im alten Pfarrhaus ökologische und regionale Produkte mit Lieferservice an. Und im Dorfladen *Naturkost & Café (Mo–Sa | Gessin 7 | auf dem Mittelhof | dorfladen-gessin. org | ⌨ J3–4)* der Familie Kleist in Gessin gibt's sogar einen Mittagsimbiss – der hat sich zum beliebten Treffpunkt der Dörfler gemausert.

TETEROWER SEE

Schlauchturm ist heute ein Museum und zeigt historische Löschfahrzeuge. Kaum vorstellbar, dass die jemals rechtzeitig angekommen sind, wenn es irgendwo gebrannt hat.

INSIDER-TIPP
Die Eiszeit lässt grüßen

Nördlich von Teterow versteckt sich ein Stück geheimnisvolle Eiszeitgeschichte. Mehrere große Hünensteine wurden zu einem *Großsteingrab (200 m hinter dem Ortsausgang Richtung Thürkow auf der rechten Seite)* aufgerichtet, ein Relikt aus der Jungsteinzeit. In den Decksteinen kannst du noch kleine Mulden erkennen, vermutlich Opferschälchen für Totenrituale. Das Grab liegt in einer kleinen Baumgruppe auf einem bewirtschafteten Feld, weshalb es nach der Ernte und bis zum Frühling am besten sichtbar ist. *H–J3*

🔟 NATURSCHUTZGEBIET BINSENBRINK

Schon 1931 wurde das 70 ha große Gebiet unter Schutz gestellt, da am Ufer seltene Pflanzen wie Teichrosen wachsen und noch seltenere Vogelarten wie Zwergtaucher, Schwarzmilan und Eisvogel hier brüten. Auf dem *Naturlehrpfad* über die Halbinsel Sauerwerder kannst du die Tier- und Pflanzenwelt des Schutzgebiets 3 km nordöstlich von Teterow prima erkunden. Oder du kletterst zum Birdwatchen auf den Beobachtungsturm auf der *Burgwallinsel*. Auch Reste einer slawischen Fluchtburg aus dem 9. Jh. sind hier noch gut zu erkennen. Die Barkasse *Regulus* setzt von Ostern bis Ende September jeden Tag stündlich vom Teterower und vom Teschower Badestrand zur Insel über. *J3*

ESSEN & TRINKEN

GASTHAUS STADTMÜHLE

Berühmt für die gute Küche und das tolle Ambiente ist dieses Lokal in der alten Mühle. Mecklenburger Rippenbraten ist hier zu haben. Im gemütlichen Biergarten wird abends gern die Feuerschale angezündet. *Mi geschl. | Mühlenstr. 1 | Teterow | Tel. 03996 15 23 00 | stadt muehle-teterow.de | €€€ | H–J3*

RESTAURANT MOSHACK

Stylishes Restaurant im alten Bahnhof. Die rostrote Klinkerfassade ist ein farbintensiver Kontrast zum modernen Türkis der Inneneinrichtung. Kreative saisonale Küche (Zander mit Birnen, Bohnen und Speck), wöchentlich wechselnde Mittagskarte. *So-Di geschl. | Bahnhof 1 | Teterow | Tel. 03996 1 85 23 46 | restaurant-mos hack-teterow.de | €€€ | J3*

WALDGASTSTÄTTE HOHES HOLZ

Mitten im Wald liegt diese rustikale Schenke. Hier wird zünftig gekocht, die Portionen sind üppig. Toller Biergarten mit Spielplatz für die Kids. Ach ja, die Wirtin kocht nicht nur gut, sie schreibt auch kurzweilige Bücher. *Mo/Di geschl., Mi-Fr nur abends | Hohes Holz 2 | Teterow | Tel. 03996 17 32 45 | hohes-holz.jimdofree.com | H3*

WENDENKRUG

Im reetgedeckten Restaurant auf der Burgwallinsel ist regionale Küche das

MECKLENBURGISCHE SCHWEIZ

Hübsch anzuschauen, das alte Feuerwehrspritzenhaus im Teterower Mühlenviertel

Motto. Ihr könnt auch Tretboot fahren oder einfach im Biergarten im Schatten relaxen. *Ostern–Sept., Mo geschl. | Teterow | Tel. 03996 15 77 05 | burgwall-teterow.de | € | J3*

SHOPPEN

MILCHHOF ALT SÜHRKOW
Du willst was Gutes für zu Hause mitnehmen? Dann mach einen Abstecher nach Alt Sührkow, 2 km nordöstlich des Teterower Sees. Im Hofladen werden Wurst und Biofleisch von heimischen Rindern und Schweinen angeboten. Außerdem Käse, Milchprodukte und Wild. Was man aus all den guten Sachen macht, kannst du auch vor Ort im zugehörigen *Restaurant im Gutshaus (Mi–Fr 17.30–22, Sa/So 11.30–22 Uhr | Dorfstr. 39 | Tel. 03996 15 77 33 | €€–€€€)* genießen. *Do–Fr 9–17, Sa 9–12 Uhr | Schlossstr. 10 | hofladen-as.de | J3*

SPORT & SPASS

Der Teterower See lässt sich super mit dem Kanu erkunden. Vierer- und Fünfer-Kanadier verleiht die *Jugendherberge Teterow (Am Seebahnhof 7 | Tel. 03996 17 26 68 | jugendherberge-teterow.de)* für kleines Geld.

SCHÖNER SCHLAFEN IN DER MECKLENBURG. SCHWEIZ

WO DIE FRÖSCHE SINGEN
8 km nordwestlich von Teterow liegt das wunderschöne *Gutshaus Gottin (15 Zi. | Dorfstr. 17 | Gottin | Tel. 039976 5 02 51 | gutshaus-gottin.de | €€ | H2)*. Der Garten ist mit seinen blühenden Büschen und romantischen Sitzecken fast schon ein Park. Hier kannst du in Ruhe relaxen – nur die Frösche geben ein Konzert.

MÜRITZ & UMGEBUNG

WASSERSPASS IN SCHÖNSTER NATUR

Willkommen im Herzen der Mecklenburgischen Seenplatte. Alles was Spaß macht, liegt hier ganz dicht beisammen: Shopping im gut besuchten Städtchen Waren, zünftig essen in der malerischen Ortschaft Röbel und die Natur hautnah erleben im ursprünglichen Müritz-Nationalpark.

Tiefe Wälder und einsame Moorlandschaften findest du hier noch, Autofahren ist in großen Teilen verboten. Also sind wandern, radfahren oder das Kanu angesagt. Beim Paddeln über stille Wasser be-

Aaah, die Müritz: (fast) unendliche Weiten zum Segeln, Paddeln, Urlauben

obachtest du mit Glück See- und Fischadler, Kraniche und Rohrdommeln, die im Schilf brüten. Die Müritz ist ein wunderbarer See, der größte in Deutschland und in der Region allgegenwärtig. Mit der Erwärmung am Ende der letzten Eiszeit bildeten Schmelzwasserströme große Rinnen- und Eisstauseen aus. Einer wurde zur „Morcze", zum kleinen Meer, wie die Slawen den fast 113 km² großen See nannten.

MÜRITZ & UMGEBUNG

WAREN

(ⅢJ5) **Wenn in Waren (21 000 Ew.) die berühmte Müritz-Sail stattfindet, steht die Stadt kopf. Einheimische und Touristen sind auf den Beinen und genießen das trubelige Flair am Hafen. Alles geht um die Wette: Drachenbootrennen, SUP-Wettkampf, Segelregatten …**

In der Stadt selbst wurden neben einigen historischen Gebäuden wie der *Georgenkirche* aus dem 14. Jh. viele Häuser neu gebaut, besonders rund um den Hafen wirkt der Ort wie ein touristisches Disneyland mit Souvenirkitsch von Glaskunst bis Einkaufsbeutel und jeder Menge Menschen. Dafür ist der nahe Müritz-Nationalpark die reinste Idylle und traumhaft zum Wandern und Radfahren.

SIGHTSEEING

MARIENKIRCHE
Wer die 176 Stufen zur Turmspitze hinaufkraxelt, erobert nicht nur eines der bekanntesten Wahrzeichen an der Müritz, sondern auch das mit 54 m höchste Gebäude der Stadt. Von oben hast du einen tollen Blick über Waren, den Hafen und die Seen bis zu den Ausläufern der Mecklenburgischen Schweiz. *Mai–Okt. Mo–Fr 10–18, Sa/So 11–16 Uhr | Turmbesteigung Spende 2 Euro | St.-Marien-Gasse | stmarien.de*

MÜRITZEUM ★ 👫 🌴
Schon das supermoderne Gebäude, das an ein Schiff erinnert, macht was her. Verkohltes Lärchenholz wurde für die Verkleidung verwendet. Innen geht's interaktiv zu. Überall kann man Knöpfe drücken, Kurbeln drehen, Fächer öffnen und dabei Wissenswertes über heimische Süßwasserfische und Vögel lernen. Das Maränen-Aquarium erstreckt sich über zwei Etagen. *April–Okt. tgl. 10–19, Nov.–März 10–18 Uhr | Eintritt 14 Euro, Kinder 6–16 Jahre 6 Euro, Familienkarte 34 Euro | Zur Steinmole 1 | mueritzeum.de | ⏱ 3 Std.*

ESSEN & TRINKEN

FISCHERHOF
Ob Aal, Hecht, Zander oder Kleine Maräne – der Fang aus der Müritz landet (fast) direkt auf deinem Teller. Freundlicher Service auf zwei Etagen und im Sommer auch auf der Außenterrasse. *So geschl. | Neuer Markt 19 | Tel. 03991 63 31 10 | mueritzfischer.de | €€*

BIERGARTEN AMBOSS
Auf altertümlichen DDR-Gartenstühlen im urigen Hinterhof schmeckt ein Kaffee oder ein kühles Bier besonders gut. Auch drinnen ist es gemütlich, die nette Wirtin schenkt hinterm Hufeisentresen gern riesige Gläser Bierbowle aus. *Tgl. 12–18.30 Uhr | Lange Str. 56 | Facebook: Biergarten Amboss*

KLABAUTERMANN
Kleines Restaurant, große Küche! Frischer Fisch in allen Varianten. ==Sehr lecker ist die Knuspermakrele – unbedingt die hervorragenden Bratkartoffeln dazu bestellen.== Ihr könnt bei der Zubereitung der Speisen zusehen.

> **INSIDER-TIPP**
> Knusper, knusper, Fischlein

MÜRITZ & UMGEBUNG

Wenn ihr einen Tisch draußen ergattert, habt ihr einen super Blick auf den Hafen. Reservieren! *Di geschl.* | *Marktstr. 1* | *Mobiltel. 0174 9 25 87 29* | *klabautermann-waren.com* | *€€*

DAT TORTENHUS
Die Kuchenkreationen sind der sahnegewordene Wahnsinn. Probier z. B. Mohntorte kombiniert mit Eierschecke oder Basilikum-Apfel-Torte. Moderne Einrichtung, flotte Bedienung. Unbedingt reservieren – oder mit Wartezeit rechnen. *Di geschl.* | *Kirchenstr. 16* | *Mobiltel. 0170 5 48 65 88* | *dat-tortenhus.de*

LEDDERMANN
Hummersuppe am Panoramafenster, anschließend geschmorte irische Ochsenbäckchen mit Portweinsauce. Hier isst du stilvoll in modernem Ambiente. Gute Weinkarte. *Di geschl.* | *Müritzstr. 16* | *Tel. 03991 62 19 40* | *restaurant-leddermann.de* | *€€–€€€*

SHOPPEN

Dienstags und donnerstags ist *Wochenmarkt* auf dem Neuen Markt. Viele Geschäfte sind im Sommer auch am Sonntag geöffnet.

RÄUCHERKAHN ⚑
Frisch geräucherter Fisch aus dem Räucherofen – hier kannst du ihn direkt von Bord kaufen und mitnehmen oder auf der schönen Terrasse am Wasser genießen. *Tgl.* | *Strandstr. 999* | *raeucherkahn.de*

TÊTE À TEE
Im Tête à Tee bekommst du nicht nur deine Lieblingsteesorte, sondern

Über die Häuser am Hafen von Waren lugt die Marienkirche

WAREN

Abenteuer im Zeichen der Eule: Die Radtour durch den Müritz-Nationalpark ist ein Muss

auch selbst gerösteten Kaffee. Und du kannst bei einem Stück Kuchen im Vintage-Sessel ganz gemütlich eine Pause einlegen. *Tgl. | Kietzstr. 20 | mueritz-tee.de*

SPORT & SPASS

Charterpoint (An der Reeck 19 | Tel. 03991 16 55 59 | charterpoint-mueritz. de) verleiht Motoryachten, Hausboote und Watercamper, auch führerscheinfrei. Mit Kanu oder Kajak, Jolle, Surfbrett oder SUP-Board kreuz und quer über die Müritz schippern, das macht das *Funmüritz-Wassersportcenter (Zur Stillen Bucht 3 | Mobiltel. 0157 76 08 08 74 | fun-mueritz.de)* möglich.

SEGGY-TOUREN
Wer eine Stadtführung mit Action verbinden möchte, bucht online eine „Segway-Waren-Müritz-Adventure-Tour" und düst mit einem Führer durch die Altstadtgassen. *Treffpunkt: Marktplatz, Dauer: 75 Min. | 49 Euro | seggy-touren.com*

RADLON
Das zentral gelegene Fahrradhotel verleiht Drahtesel und E-Bikes, und wenn dein eigenes Bike eine Panne hat, findest du hier eine kompetente Werkstatt oder auch ein Bett zum Schlafen. *Kietzstr. 13a | Tel. 03991 1 80 50 00 | radlon.de*

INSIDER-TIPP
Miet and sleep

MECKLENBURGER DRAISINEN-BAHN
Strampeln und dabei die Umgebung genießen ist angesagt bei der 13 km langen Draisinenfahrt von Waren

MÜRITZ & UMGEBUNG

nach Schwinkendorf. *April–Okt. | 35 Euro pro Draisine (2–4 Pers.) | Abfahrt am Lokschuppen 300 im Bahnhof | Mobiltel. 0172 3 26 06 94 | draisine-mecklenburg.de*

KLETTERWALD MÜRITZ

Wipfelstürmer aufgepasst! In einer Höhe von 3 bis 12 m und über 2 km Kletterstrecke könnt ihr an 100 Kletterelementen zeigen, was ihr draufhabt. *April–Juni, Sept. Di–So 10–16, Juli/Aug. 9–16, Okt. 10–15 Uhr | 2 Std. 22 Euro, Kinder bis 17 Jahre 19 Euro, Familienkarte 58 Euro | Kameruner Weg 14 | kletterwald-mueritz.de*

AUSGEHEN & FEIERN

IRISH PUB

Bei Guinness und Livemusik klönen Warener und Urlauber zusammen, durch die lockere Atmosphäre kommt ihr schnell miteinander ins Gespräch und könnt auf das Leben anstoßen. Sláinte! *Tgl. ab 20 Uhr | Strandstr. 19 | Facebook: Irish Pub Waren*

RUND UM WAREN

1 MÜRITZ-NATIONALPARK ⭐
9 km/30 Min. von Waren (Fahrrad)

Rauf auf den Sattel und rein in die Natur! Ihr könnt euch gleich in Waren aufs Fahrrad schwingen und den schönen Radweg in den Nationalpark nehmen. Im Schutzgebiet liegen überall kleine Nester verstreut, Ansammlungen von Bauernhäusern mit rostroten Fassaden, alt und wunderschön. Fast jeder Ort besitzt einen urigen Biergarten, so zum Beispiel Federow: *Zum Jäger (Mai–Sept. tgl. 12–20 Uhr | Am Park 2 | Tel. 03991 6 74 59 01 | zumjaeger-federow.de | €)*. In Boek liegt, ganz unerwartet, das stylishe *Kutschercafé (Mai–Okt. tgl. | Boeker Str. 36c | Tel. 039823 2 70 88 | €)*.

INSIDER-TIPP
Kuchen küsst Johannisbeere

Unbedingt den selbst gemachten Kuchen, wie Johannisbeer-Baiser, oder das Eis probieren!

Durch den Nationalpark führen verschiedene Rad- und Wanderwege. Mitten durch die Pampa geht es auf dem idyllischen *Weg des roten Eichhörnchens* von Federow nach Schwarzenhof. Mit etwas Glück seht ihr Fischadler oder sogar Schwarzstörche. Wenn euch die Beine müde werden, steigt in den *Nationalparkbus*, der euch mitsamt Fahrrädern zu verschiedenen Stationen chauffiert. Für die Busse wie auch für Fähren, die von Ende April bis Ende Oktober zwischen Boek bzw. der Boeker Mühle und Waren, Röbel sowie Rechlin verkehren, gilt das *Müritz-Nationalparkticket* (s. S. 134). *J–L 5–6*

2 HEINRICH-SCHLIEMANN-MUSEUM
23 km/25 Min. von Waren (Auto)

Wer kennt ihn nicht – den Traum, einen Schatz zu finden, dadurch ein Held zu werden und gerne auch steinreich! Heinrich Schliemann hat all das geschafft. Der Kaufmann träumte schon als Kind von fernen Welten. Mit genug Geld in der Tasche machte er sich schließlich auf den Weg in die heutige Türkei, buddelte das sagenumwobene Troja aus und fand einen Goldschatz. Das Museum in seinem Elternhaus erzählt vom Leben des berühmten Archäologen. *April-Okt. Di-So 10-18, Nov.-März Di-So 10-16 Uhr | Eintritt 7 Euro | Lindenallee 1 | Ankershagen | schliemann-museum.de |* ⏲ *2 Std. |* 🆗 *K5*

3 BÜDNEREI LEHSTEN
21 km/20 Min. von Waren (Auto)
Du suchst einen Ort zum Träumen, zur Inspiration? Hier ist er! Der parkähnliche Garten ist eine Blütenoase mit Teich und alten Ziegelmauern. Das *Galeriecafé (Mai-Sept. Do-So, März/April, Okt.-Dez. Sa/So)* im Stil eines Antiquitätenladens zeigt große und kleine Kunst zu dampfendem Kaffee und selbst gebackenem Kuchen. *Friedrich-Griese-Str. 31 | Lehsten | Tel. 039928 5639 | buednerei-lehsten.de |* 🆗 *K4-5*

RÖBEL

(🆗 *J6*) **Eine lange Durchgangsstraße, viel Fachwerk, erstaunlich viel zu entdecken: Röbel ist ein kleiner Ort (5000 Ew.) an der Müritz. Er besitzt mehr Charme als der Touristenmagnet Waren, denn er ist authentisch.**

Alte Häuser, Stadtmauerreste und eine Windmühle sind stumme Zeugen vergangener Zeiten, als die Bewohner noch ihr Korn zur Mühle brachten und die Stadt gegen Feinde verteidigt werden musste. Heute haben viele Einheimische eigene Ideen verwirklicht und besondere Angebote für Touristen geschaffen.

SIGHTSEEING

MARIENKIRCHE
Ein abenteuerlicher Aufstieg über enge und steile Stufen zum 58 m hohen Kirchturm liegt vor dir. Doch es lohnt sich – der Blick über Röbel und die Müritz ist fantastisch. Da es sich um eine der ältesten Backsteinkirchen Mecklenburgs handelt, solltest du auch einen Blick in den reich ausgeschmückten Innenraum werfen. *Straße der Deutschen Einheit 14*

WINDMÜHLE 🐷
Schon von außen ist der wunderbar restaurierte Galerieholländer ansehnlich. Und du bekommst einen guten Eindruck von seinem Innenleben, denn alle Etagen sind ausgebaut und begehbar. Regionale Künstler stellen hier ihre Werke aus, die du auch kaufen kannst. Die Galerie, die außen einmal komplett um die Mühle führt, ist grandios, denn von ihr hast du einen fantastischen 360°-Blick. *Do-Di 11-17 Uhr | Mühlenberg*

ESSEN & TRINKEN

EISPARADIES
Süßes oder Saures? Die Auswahl ist mit etwa 60 Sorten nicht gerade klein. Und erst das Softeis! Riesige Portionen, vernünftige Preise. *Juni-Aug. tgl., April/Mai, Sept./Okt. Mo geschl. |*

MÜRITZ & UMGEBUNG

Sagenhafter Gaul: Nachbau des „Trojanischen Pferdes" im Schliemann-Museum

Straße des Friedens 1 | Tel. 039931 5 27 05 | Facebook: Eiscafé Eisparadies

HOFCAFÉ AM ZIEGENMARKT
Leberwurstbrot und Erdbeertorte? Probier es genau in der Reihenfolge, dann passt es wunderbar zusammen. Gratis WLAN gibt's dazu, also flott einen Gruß von der Müritz und ein paar Selfies nach Hause schicken. Der Hof ist mit allerlei Bauerndeko gestaltet. Der freundliche Wirt beantwortet gern Fragen zu Röbel und zur Müritz. *Fr-So 13-16 Uhr | Straße des Friedens 39 | Tel. 039931 53 97 55 | €*

REGATTAHAUS
Hingehen, hinsetzen, wohlfühlen! Hier kommt frischer Fisch direkt aus der hauseigenen Räucherei auf den Tisch. Und nebenbei das Treiben im Hafen beobachten! *Di/Mi geschl. | Müritzpromenade 20 | Tel. 039931 5 35 36 | €€*

SHOPPEN

MÜRITZ UNVERPACKT
Wer hätte gedacht, „auf'm Dorf" eine so innovative Geschäftsidee anzutreffen? Hier shoppst du Bioprodukte aus der Region ganz ohne Verpackung – alles gibt's lose. Essig und Öl, Naschereien, Nudeln, Gewürze, Mitbringsel. Im Café schmeckt der Biocappuccino mit Bananenkuchen herrlich, dabei kannst du gemütlich im Hof sitzen. *Mi geschl. | Straße des Friedens 50*

INSIDER-TIPP Trifft der Kaffee die Banane ...

SPORT & SPASS

FAHRRADVERLEIH MARINA RÖBEL
Alles für die Radtour um die Müritz, auch E-Bikes und Kinderräder. *Tgl. 8-12 und 14-19 Uhr | Tel. 039931 83 99 00 | marina-roebel-mueritz.de*

MÜRITZTHERME

Regenwolken in Sicht? Macht nix: Röbel hat die Müritztherme. Bei miesem Wetter für Badesüchtige eine Alternative zum See. *Tgl. 9–21 Uhr | Eintritt ab 6 Euro (1 Std.), Kinder ab 4 Euro, Familienkarte ab 29 Euro (4 Std.) | Am Gotthunskampf 14 | mueritztherme.de*

RUND UM RÖBEL

4 BOLLEWICK

3,5 km/15 Min. von Röbel (Fahrrad)

In der ★ ⚑ *Scheune Bollewick (Mai–Okt. tgl. 10–18, Nov.–April 10–17 Uhr | Dudel 1 | Bollewick | Tel. 039931 5 20 09 | diescheune.de)*, der größten Feldsteinscheune Norddeutschlands (125 mal 34 m), muhen heute keine Kühe mehr. Stattdessen unterhalten sich Gäste, die vom vielfältigen Angebot unterm Scheunendach angezogen werden: In Ateliers und Werkstätten schaust du Künstlern bei ihrer Arbeit zu, im *Bauernladen* erstehst du mecklenburgische Produkte, und im *Café* testest du dich durch die selbst gebackenen Kuchen. An Wochenenden finden hier immer wieder Veranstaltungen mit Musik und buntem Programm statt.

Lange nicht mehr verlaufen? Im *Irrgarten Bollewick (April–Okt. tgl. 10–18 Uhr | Eintritt 4,50 Euro, Kinder 3 Euro, Familien 14 Euro | Röbeler Straße | irrgarten-bollewick.de)* wirst du sicher ein Weilchen brauchen, um den richtigen Weg aus dem Labyrinth zu finden. Bist du das geschafft hast, kannst du deine Kinder zwischen dichten Hecken jagen. Hoher Spaßfaktor, nicht nur für Kids. J6

Kein Badewetter in Rechlin? Dann ab ins Segelboot oder aufs Surfboard!

MÜRITZ & UMGEBUNG

5 LUDORF
5 km/1 Std. von Röbel (zu Fuß)

Cooles Gotteshaus: Im Bauerndorf Ludorf steht eine *Backsteinkirche (Juni–Okt. tgl. 11–17 Uhr)* aus dem 14. Jh. mit achteckigem Grundriss. Eine Legende erzählt, dass sie der Grabeskirche in Jerusalem nachempfunden wurde, die einen heimgekehrten Kreuzritter stark beeindruckt hatte. Ungewöhnlich ist auch das alte Gutshaus. Es wurde 1698 in dänischer Klinkerbauweise errichtet. Der adlige Bauherr wuchs in Dänemark auf. Ludorf international, sozusagen. Heute ist das *Gutshaus Ludorf (Rondell 7 | gutshaus-ludorf.de)* ein schickes Romantikhotel und erfreut die Gäste im Edelrestaurant *Morizaner (tgl., nur abends | Tel. 039931 84 00 | €€€)* mit regional-saisonalen mecklenburgischen Spezialitäten – man ist Mitglied bei Slow Food *(slowfood.com)*. ⌂ J6

6 RECHLIN
17 km von Röbel / 20 Min. (Auto) bzw. 45 Min. (Fahrrad)

Das kleine Dorf am südlichsten Zipfel der Müritz ist vor allem für den nahen *Müritz-Airpark (mueritz-airpark.de)* bekannt. Wo früher Militärflugzeuge landeten, finden heute das jährliche Elektro-Festival *Fusion* (s. S. 21) und andere Veranstaltungen statt. Geplant sind auf dem Gelände auch ein Golfplatz und eine Marina. Wer sich für alte Flugzeuge interessiert, besucht das *Luftfahrttechnische Museum (April–Okt. tgl. 10–17, Feb./März Mo–Fr 10–16 Uhr | Eintritt 9 Euro | Am Claassee 1 | luftfahrttechnisches-museum-rechlin.de | ⊙ 2 Std.)*. Nördlich des kleinen Yachthafens, in dem schon deswegen immer viel los ist, weil hier die Hausboote von *Kuhnle-Tours (kuhnle-tours.de)* vor Anker liegen, erstreckt sich ein schöner Strand mit Frisbeewiesen. Du kannst das Müritz-Steilufer bis zum schicken *Feriendorf Müritzufer* im Ortsteil Boeker Mühle entlangwandern. Ein umfangreiches Wassersportangebot bietet die *Surfmühle (Am Müritzufer 2a | Tel. 039823 2 13 80 | surfmuehle.de)* in Boeker Mühle: Segelkurse für Jolle, Yacht und Katamaran samt Prüfung, Schwimm- und Surfkurse, Skippertraining, Sportbootführerschein und sogar Aktivitäten für Rollstuhlfahrer. Sämtliche Wasserspaßmobile wie SUP-Bretter oder Wasserski und Boote jeglicher Art kannst du auch ausleihen. ⌂ J6

SCHÖNER SCHLAFEN AN DER MÜRITZ

SUNDOWNER VORM ZELT
Es ist angerichtet für einen rundum perfekten Urlaub. Der fantastische *Campingplatz Bolter Ufer (270 Stellplätze | Am Müritzufer 3 | Boeker Mühle | Rechlin | Tel. 039823 2 12 61 | camping-bolter-ufer.de | ⌂ J6)* ist kaum zu toppen. Unter hohen Kiefern und dicken Eichen liegen die Stellplätze. Und erst der Strand – langgezogen, mit einzelnen Buchten. Wenn die Sonne knallig rot in der Müritz untergeht, wird das zelebriert. Liegestuhl, ein Fläschchen Wein, Füße im Sand vergraben und den Blick genießen!

NEUBRANDEN-BURG & UMGEBUNG

ROMANTISCH SCHÖN

Stadt, Land, Fluss – diese wunderbare Kombination aus ländlichem Idyll und urbanem Komfort ist einer der Gründe, warum der östliche Rand der Seenplatte so beliebt ist.

Neubrandenburg ist die perfekte Mischung aus Kulturprogramm und Freizeitspaß. Schon aus der Ferne gibt die Stadt einen Vorgeschmack auf das, was kommt: Ein hoher Turm ragt über leuchtend rote Mauern aus Backstein – ein Zeitzeuge des Mittelalters. Genau dahin wirst du dich bei einem Spaziergang entlang der Stadtmauer

Das Stargarder Tor führt von Süden in die Neubrandenburger Innenstadt

zurückversetzt fühlen. Ein paar Kilometer außerhalb wartet das nächste historische Highlight: Die Burganlage Stargard gehört selbst für Kulturmuffel zum Pflichtprogramm. Genug gesehen? Auf der Sommerrodelbahn düst du zurück in die Gegenwart – und anschließend am besten gleich weiter an den Tollensesee, um dich bei allen möglichen Wassersportarten auszutoben.

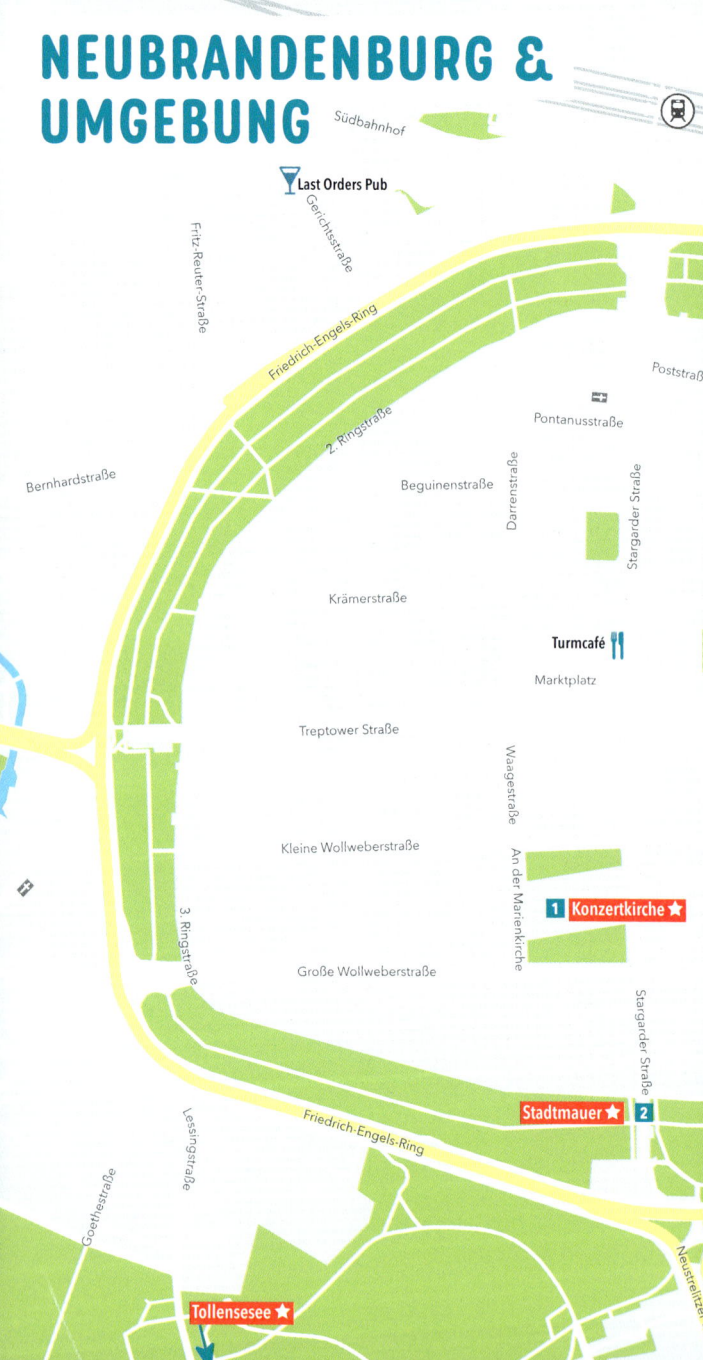

MARCO POLO HIGHLIGHTS

★ **KONZERTKIRCHE**
Backsteingotik trifft moderne Architektur ➤ S. 92

★ **STADTMAUER**
Rundum komplett, samt Toren und Türmen ➤ S. 92

★ **HÖHENBURG STARGARD**
Mittelalter im neuen Gewand ➤ S. 94

★ **TOLLENSESEE**
Toller Tagesausflug ➤ S. 94

NEUBRANDENBURG

(🗺 M 4–5) **Die „Stadt der vier Tore" wird Neubrandenburg (63 500 Ew.) gerne genannt.**

Als vor fast 800 Jahren die ersten Neubrandenburger ihre simplen Häuser in die Landschaft setzten, war von Toren, Türmen und einer Stadtmauer noch keine Rede. Das sprach sich herum, und sie wurden ausgeplündert.

Gute mecklenburgische Küche in historischem Ambiente: Wiekhaus 45

Ein Schutz musste her, und die Bewohner errichteten einen Wall aus Erde und Eichenstämmen. Doch der ließ sich leicht durchbrechen. Eine neue Lösung wurde gesucht. Man begann mit dem Bau der Stadtmauer mit den vier Toren, für die Neubrandenburg heute noch berühmt ist.

SIGHTSEEING

1 KONZERTKIRCHE ★

Schönstes Bauwerk der Altstadt: außen gotische Backsteinhülle, innen ein großartiger Ort aus Glas, Beton, Stahl und Holz für Musikveranstaltungen. 2001 wurde die Marienkirche aus dem 13. Jh. nach aufwendiger Umgestaltung neu eröffnet und ist heute Bühne für internationale Künstler. ==Du solltest unbedingt ein Konzert besuchen, wenn gerade etwas nach deinem Geschmack im Programm ist.==  **INSIDER-TIPP Tolle Akustik** Wenn nicht, steig auf den *Glockenturm:* Dort zeigt eine 360°-Panorama-Multimediashow Neubrandenburg im Jahr 1900, Rundumblick über die Stadt on top. Was sagt die Uhr? Beim Glockenspiel zur vollen Stunde bekommst du ordentlich was auf die Ohren! *Besichtigung an veranstaltungsfreien Tagen 10–17 Uhr, Termine s. Website | Stargarder Str. 17 | konzertkirche-nb.de*

2 STADTMAUER ★

Die Neubrandenburger Innenstadt ist von einer vollständig erhaltenen mittelalterlichen Stadtmauer umgeben – eine Seltenheit! Aus Feldsteinen wurde sie über 2,3 km Länge aufgebaut,

NEUBRANDENBURG & UMGEBUNG

stellenweise ist sie 7 m hoch. Beeindruckend sind die vier gotischen *Stadttore*. Vom *Fangelturm* im Norden der Stadtmauer hast du eine schöne Aussicht und dieselbe Perspektive wie die Soldaten, die im Mittelalter ihre Pfeile auf Angreifer schossen. Besonders romantisch sind die 25 kleinen *Wiekhäuser* aus Fachwerk, die alle 30 m in die Mauer gebaut sind. Im Mittelalter dienten auch sie zur Verteidigung der Stadt. Später wurden daraus Wohnhäuser. Die meisten der heutigen Wiekhäuser sind Rekonstruktionen und wurden innen verändert.

ESSEN & TRINKEN

TURMCAFÉ
Streusel mit Aussicht. In dem gemütlichen Café auf zwei Ebenen und mit tollem Stadtblick bringt die freundliche Bedienung hausgebackenen Kuchen. Unter der Woche Frühstück. *Tgl. | Marktplatz 1 | Tel. 0395 37 96 13 20 | turmcafe-nb.business.site*

BURGERKULT
Solche Burger findest du nicht an jeder Ecke. Saftig und in vielen Variationen, auch vegetarisch.

INSIDER-TIPP: Kulinarischer Zündstoff
Unbedingt den „Zündstoff" probieren – eine leckere Kombi mit Schärfekick! *So/Mo geschl. | Turmstr. 14 | Tel. 0395 35 17 00 84 | burgerkult.com | €*

WIEKHAUS 45
Hereinspaziert ins Mittelalter! Enge Räume, niedrige Decken und einen urigen Garten findest du in diesem historischen Wiekhaus. Auf der Speisekarte stehen mecklenburgische Fleisch- und Fischgerichte von Kalbsbäckchen bis Zanderfilet. Reservieren! *Mo geschl. | 4. Ringstr. 44 | Tel. 0395 5 66 77 62 | wiekhaus45.de | €€*

SHOPPEN

Das *Marktplatz-Center (So geschl. | Krämerstr. 1a | marktplatz-center.de)* ist *die* Shoppingadresse mit rund 70 Geschäften. Neubrandenburg hat aber auch viele kleine Läden, vor allem in der *Fußgängerzone* Turmstraße, Wartlaustraße und entlang der Stargarder und Treptower Straße. Hier findest du bestimmt schöne Mitbringsel.

SPORT & SPASS

WASSERSKISEILBAHN
Jede Menge Spaß macht Wasserskifahren mit der Seilbahn. *Mai–Sept. Mo–Fr 12–20, Sa/So 10–20 Uhr | Reitbahnweg 90 | wasserski-seilbahn.de*

STRÄNDE

Der Tollensesee südlich von Neubrandenburg gehört zu den saubersten in ganz Meck-Pomm! Also rein ins Vergnügen, z. B. im *Strandbad Broda* am Nordwestufer mit Sandstrand und Holzsteg oder im *Augustabad (Mai-Sept.)* mit Sandstrand sowie Restaurant und Café *Augusta's (tgl. | Tel. 0395 3 68 41 31 | augustas-nb.de | €)* am Ostufer. Der *Strand Buchort* im Brodaer Holz liegt mitten im Wald und ist ein Spot für FKK-Fans.

INSIDER-TIPP: Hosen runter!

AUSGEHEN & FEIERN

WINEHOUSE
Beliebte Bar mit Schummerlicht und gut gemixten Cocktails. Es gibt eine große Auswahl an Gin-Sorten. Alles in allem genau der richtige Ort zum Auftakt eines feucht-fröhlichen Abends. *Tgl. ab 18 Uhr | 4. Ringstr. 45 | winehouse-nb.de*

LAST ORDERS PUB
Stilechter englischer Pub. Klasse Musik, junges Publikum, freundlicher britischer Wirt, Cider vom Fass. Gute Bands spielen, es darf geraucht werden. *Mo–Sa ab 19 Uhr | Gerichtsstr. 2b | lastorders-pub.de*

KINO LATÜCHT
Das Latücht bringt Filme mit Anspruch auf die Leinwand, fernab vom Mainstream. Und das in alten Kirchenmauern. Ein Grund, mal wieder ins Kino zu gehen. Programm auf der Website. *Große Krauthöfer Str. 16 | latuecht.de*

RUND UM NEUBRANDENBURG

TOLLENSESEE ★
7 km/25 Min. von Neubrandenburg (Fahrrad)
Radeln, paddeln, Natur und kleine Dörfer entdecken – der Tollensesee macht's möglich. Mit über 10 km Länge und bis zu 2,4 km Breite ist er eines der größten Gewässer der Seenplatte. Alle Highlights der Gegend erradelt ihr euch auf dem 35 km langen Radrundweg um den Tollensesee und die Lieps – und euer Sportprogramm für den Tag habt ihr dann auch hinter euch. Am Ostufer geht es immer dicht am Wasser lang bis zum *Aussichtsturm Behmshöhe (Karfreitag–14. Nov. tgl.)*. Mit Schwung nehmt ihr die 111 Stufen bis zur Plattform und verschnauft oben bei einem fantastischen Blick in die Landschaft. Vorbei an Wiesen und Feldern geht's weiter zum Dorf *Klein Nemerow* mit einer alten Feldsteinscheune und dem Naturwanderpfad „Nonnenhof". Dann folgt ein Schlenker über *Hohenzieritz* mit seinem Schloss und dem *Louisenstübchen (März–Okt., Mo geschl. | Tel. 039824 2 15 36 | louisenstuebchen.de | €)*. Wie bei Oma im Garten nascht ihr sahnige Torten oder einen deftigen Eintopf unterm Sonnenschirm zwischen Holunderbüschen und duftenden Kletterrosen. Über *Wustrow* geht es nach *Alt Rehse*, ein schönes Dorf mit reetgedeckten Fachwerkhäuschen. Und dann seid ihr schon fast wieder in Neubrandenburg. *L-M5*

HÖHENBURG STARGARD ★
11 km/10 Min. von Neubrandenburg (Auto)
Burgmuffel aufgepasst: Die *Höhenburg Stargard* im nach ihr benannten Ort ist nicht irgendeine Burg. Sie ist Aussichtspunkt, Museum, Chill-Area, Schenke und Hotel in einem. Gelegen auf einem fürs flache Meck-Pomm stattlichen Hügel, ist sie die größte Anlage ihrer Art in Norddeutschland.

NEUBRANDENBURG & UMGEBUNG

Kaum zu glauben, was alles hinter der trutzigen Fassade der Höhenburg Stargard steckt

Deshalb wurde auch Geld reingesteckt, die Burg in den letzten Jahren restauriert und richtig schick gemacht. Sie hat alles, was man von einer mittelalterlichen Höhenburg erwartet: beherrschende Lage, steile Auffahrt, mauerumschlossenen Burghof und alles überragenden Bergfried. Im *Museum* im alten Marstall seht ihr, wie sich die Leute früher bei der Feldarbeit abrackern mussten. Zur Erntezeit im Spätsommer könnt ihr es ihnen gleichtun und euch dafür anschließend auf den umliegenden 🍎 Streuobstwiesen durchfuttern. Oder ihr testet im *Kräuter- und Würzgarten* euer Wissen über intensiv riechendes Grünzeug. Im *Gartencafé* erzählt man gern mehr darüber. *März–Okt. tgl. 10–17 Uhr, Führung (5 Euro) Sa/So 14.30 Uhr | Eintritt Museum 4, Burgturm 3 Euro, Kombiticket 6 Euro | hoehenburg-stargard.de*

Die nötige Portion Action gibt's auf der *Sommerrodelbahn Burg Stargard (April–Juni, Sept./Okt. tgl. 11–17, Juli/Aug. 10–18 Uhr | Einzelfahrt 2,50, Kinder 2 Euro | Rosenstr. 1a | rodelbahn-burgstargard.de)*. Jippie, da saust der Schlitten die 720 m lange Piste hinab! Acht steile Kurven sorgen für Kitzeln im Bauch. Ab acht Jahren dürfen Kinder alleine fahren. *M5*

SCHÖNER SCHLAFEN IN NEUBRANDENBURG

EIN TRAUM IN FACHWERK
Wohnen in der mittelalterlichen Stadtmauer – das ist mal wirklich was Besonderes. Familie Weinert, die auch ein kleines Hotel betreibt, vermietet das *Wiekhaus 49 (Buchung über Hotel Weinert | Tel. 0395 58 12 30 | hotel-weinert.de | €€)* als einzigartige Ferienwohnung. In dem Fachwerkhäuschen haben auf drei Etagen bis zu vier Personen Platz.

NEU-STRELITZER & FELDBERGER SEEN

AUSSPANNEN UND TRÄUMEN

Schon mal was vom Hullerbusch, dem alten Hauptmannsberg und einem Gänsewerder gehört? Diese Orte, deren Namen alle klingen, als stammten sie aus einem Pippi-Langstrumpf-Buch, liegen in der wunderschönen Landschaft der Neustrelitzer und Feldberger Seen.

Und die macht dem Etikett „wunderschön" alle Ehre, ist geprägt von Feldern, Bergen und Wasser – ein sogenanntes Endmoränengebiet, entstanden am Ende der letzten Eiszeit aus dem Material, das die

Der Eiszeit sei Dank: An den Feldberger Seen erlebst du eine herrliche Urlaubslandschaft

abschmelzenden Gletscher hinterließen. Die größten Orte in dieser verblüffend schönen Hügellandschaft sind Feldberg und Neustrelitz, beide umgeben von herrlichen Seen. Dazwischen liegen pilzreiche Wälder, goldgelbe Felder, Birkenalleen und romantische Rad- und Wanderwege, gesäumt von Himbeer- und Brombeerbüschen zum Selbstbedienen aus der Natur. Kein Wunder, dass so mancher Künstler und Schriftsteller hier seine Wahlheimat gefunden hat.

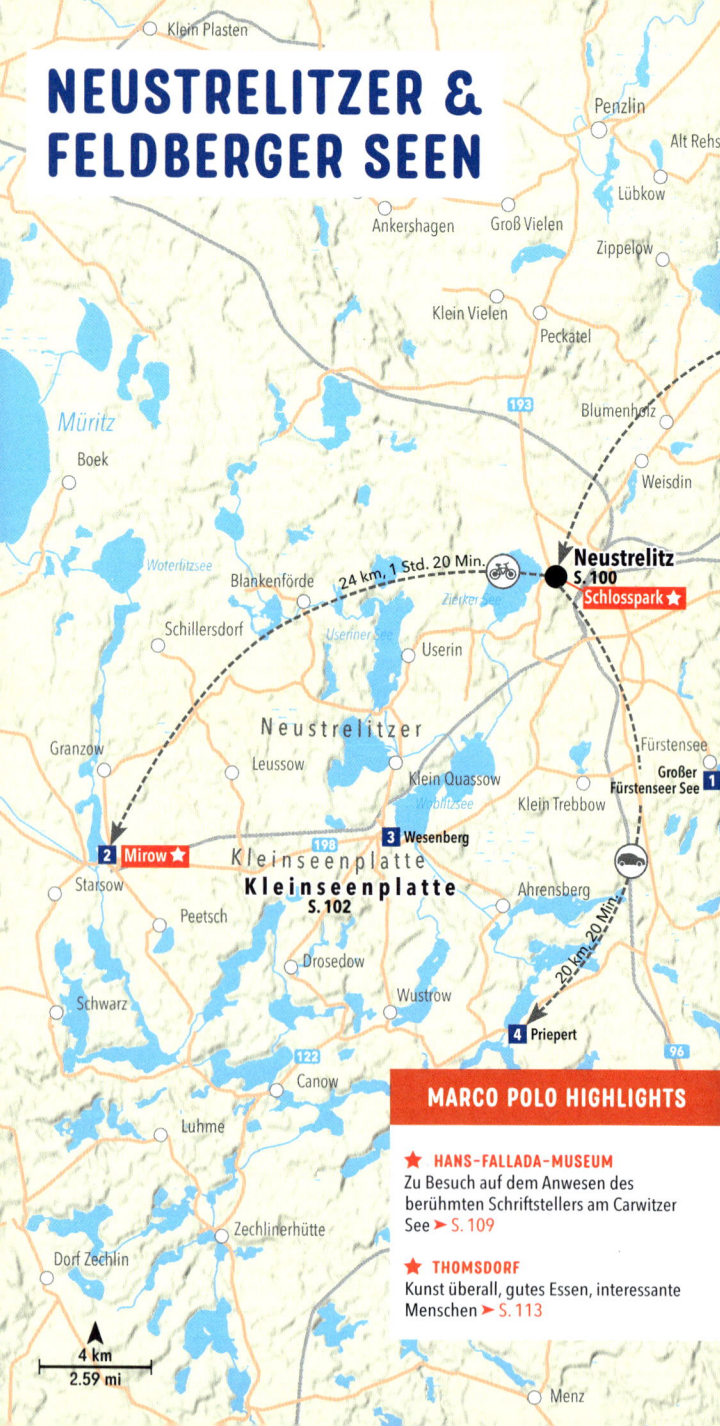

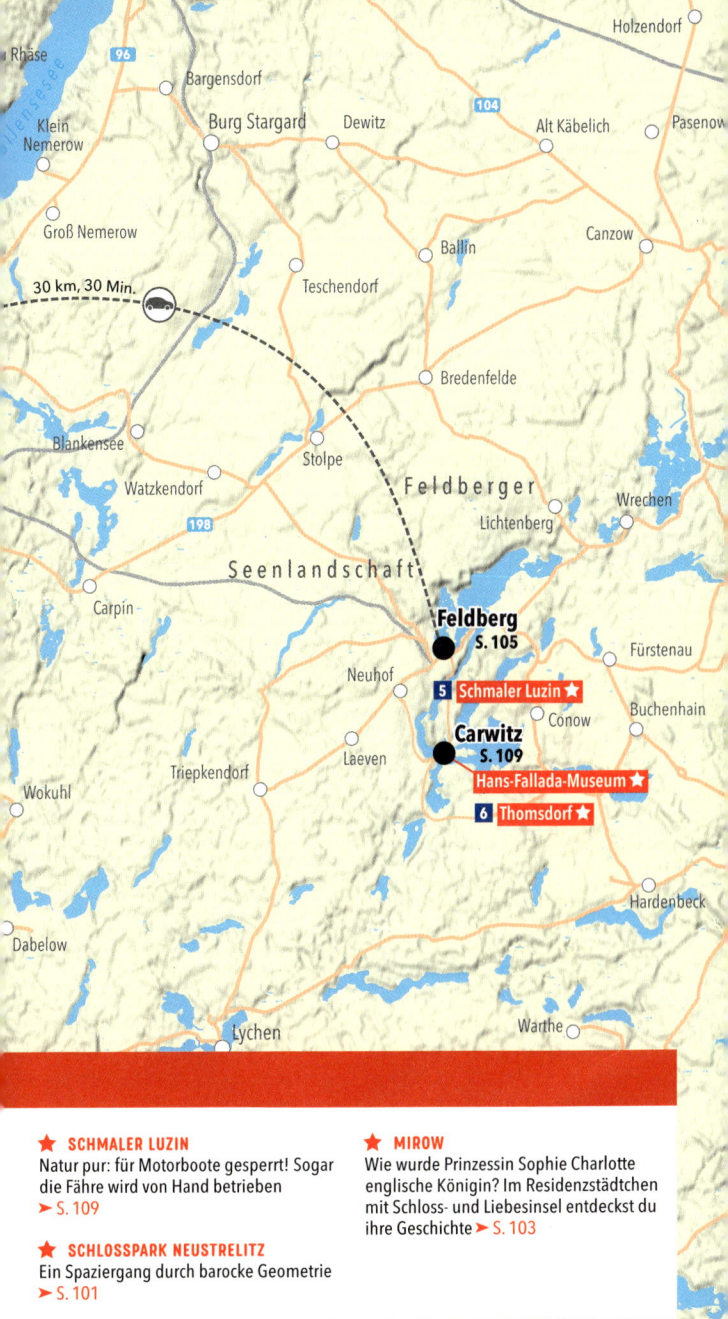

⭐ **SCHMALER LUZIN**
Natur pur: für Motorboote gesperrt! Sogar die Fähre wird von Hand betrieben
➤ S. 109

⭐ **SCHLOSSPARK NEUSTRELITZ**
Ein Spaziergang durch barocke Geometrie
➤ S. 101

⭐ **MIROW**
Wie wurde Prinzessin Sophie Charlotte englische Königin? Im Residenzstädtchen mit Schloss- und Liebesinsel entdeckst du ihre Geschichte ➤ S. 103

NEUSTRELITZ

Die antiken Anklänge im Neustrelitzer Schlosspark fanden die Herzöge richtig schick

NEUSTRELITZ

(L6) **Eine Prise Kleinstadtflair, eine Portion royaler Schick, der Hauch einer großen Vergangenheit, und fertig ist ein Ort zum Sich-treiben-Lassen.**

Der Tag in Neustrelitz vergeht mit einem Picknick im Schlosspark, einem Bummel am Stadthafen und abends einer Tour durch die angesagten Szenetreffs. Ein Brand ist der Grund, dass es die Stadt (21 500 Ew.) überhaupt gibt. 1712 brannte das Wasserschloss des regierenden Herzogs in Strelitz ab. Doch als Herzog hat man ja so einige Schlösschen: Adolf Friedrich III. zog einfach in sein Jagdschloss etwas weiter nördlich um. Er ließ es ab 1731 zu einer Residenz ausbauen, und wo ein Schloss ist, muss auch ein Hofstaat hin, also folgte eine Stadt – ein neues Strelitz. Nun mussten noch die Untertanen her, und so schenkte der Herzog jedem Siedlungswilligen ein Grundstück, Bauholz und zehn Jahre Steuerfreiheit. Klingt nach einer tollen Sache? Das sahen die Leute damals auch so und kamen nach Neustrelitz.

SIGHTSEEING

MARKTPLATZ

Steig auf den Turm der *Stadtkirche (Juli/Aug. Mo–Fr 10–18 Uhr)* und belohn dich mit dem besten Blick über die Stadt. Acht Straßen verlaufen sternförmig zum quadratischen Marktplatz – typisch Barock! Der Markt war eine der ersten Baustellen im „neuen Strelitz". Ein *Denkmal* des Stadtarchitekten Julius Löwe, damals noch Hofbaumeister genannt, und ein *Modell* „seines" Neustrelitz stehen mitten auf dem Platz.

NEUSTRELITZER & FELDBERGER SEEN

RESIDENZVIERTEL
Als Brandstifter 1945 das neue Schloss in Flammen aufgehen ließen, holte die Bevölkerung aus den Ruinen, was nicht niet- und nagelfest war. Gerettete Fotos und Gemälde sind im *Museum des Kulturquartiers Mecklenburg-Strelitz (tgl. 10–18 Uhr | Eintritt 6 Euro | Schlossstr. 12/13 | kulturquartier-neustrelitz.de | ⏱ 1 Std.)* ausgestellt. Um den Schlosspark blieben jedoch viele Residenzgebäude erhalten und lassen die höfische Pracht von einst erahnen: die *Schlosskirche,* heute Ausstellungsareal für Bildhauer, das *Kavaliershaus,* wo hohe Beamte und Gäste wohnten, die *Orangerie,* ein *Herrenhaus,* in dem sich heute das Standesamt befindet, und zwei schicke *Palais* für die Herzoginnen.

SCHLOSSPARK ⭐
Bei einem Spaziergang durch den weitläufigen Schlosspark, streng geometrisch angelegt im damals hippen Stil des Barock, triffst du auf viele Zeugnisse dieser Epoche: Kleine Tempel und von der Antike inspirierte Statuen geben einen Eindruck vom Kunstgeschmack der Herzöge. Es musste schon alles ein bisschen griechisch-römisch sein. Stell dich auf die ehemaligen Schlossterrassen am Schlossberg. Hier hast du den perfekten Blick entlang der barocken Sichtachse, die dem Herzog so gefiel.

ESSEN & TRINKEN

BOOTSHAUS NEUSTRELITZ
Ein grandioser Blick auf den Zierker See und Mecklenburger Spezialitäten, serviert auf einer überdachten Terrasse. Abends ist im Bootshaus Sonnenuntergangsromantik angesagt. *Tgl. | Useriner Str. 1 | Tel. 03981 23 98 60 | bootshaus-neustrelitz.de | €€*

FORSTHAUS STRELITZ
7 km südlich von Neustrelitz liegt mitten im Wald ein besonderer Ort: Im schick-rustikalen Landhausambiente mit viel Holz und einem weinumrankten Außenbereich kommst du in den Genuss von einfallsreichen Sechsgangmenüs. Die Zutaten stammen aus dem Garten, von den eigenen Hühnern, Schafen, Bienen und aus den umliegenden Wäldern. *Mi-Sa ab 19 Uhr | Berliner Chaussee 1 | Tel. 03981 44 71 35 | forsthaus-strelitz.de | €€€*

QUERBEET
Direkt an den Schlosspark grenzt ein kulinarisches Kleinod. Im *Querbeet* gibt's anspruchsvolle Küche für den verwöhnten Gaumen und das zu bezahlbaren Preisen – regional, saisonal und bio versteht sich von selbst. *Mo geschl. | Useriner Str. 9 | Tel. 03981 49 80 457 | querbeet-restaurant.de | €€*

SPORT & SPASS

FLOSS-MV
Sonnenstuhl raus, Beine in den See, ahoi schönes Leben! Eine Floßtour vom Zierker See zur Kleinseenplatte ist ein tolles Abenteuer. Ob zu zweit oder mit Freunden, es macht Gaudi, mit den urigen Plattformen samt Kajüte, die Namen haben wie „Hölzern

RUND UM NEUSTRELITZ

Wurzl", über das Wasser zu treiben – ganz ohne Bootsführerschein. Heizung, Außenbordmotor, WC, Herd, bis zu sechs Schlafplätze und alles, was man als Käpt'n so braucht, sind vorhanden. *600–800 Euro/Woche | Zierker Nebenstr. 19 | Tel. 03981 44 22 48 | floss-mv.de*

SLAWENDORF NEUSTRELITZ

Auch bei schlechtem Wetter ist der Besuch des Slawendorfs in Neustrelitz ein Erlebnis. Hier lernt ihr nicht nur die Lebensweise der alten Slawen kennen. In den nachgebauten Hütten könnt ihr u. a. Kerzen ziehen, Tierchen filzen, Speckstein bearbeiten und Wolle weben. Das Bogenschießen ist eine besondere Attraktion für die Kids. *Juni–Sept. Mo–Fr 10–17, Okt. 10–16 Uhr | Eintritt 4,50 Euro, Kinder 2 Euro, Familienkarte 11 Euro | Franzosensteg | Tel. 03981 23 75 45 | slawendorf-neustrelitz.de*

AUSGEHEN & FEIERN

ALTE KACHELOFENFABRIK

Mittendrin in der Neustrelitzer Szene – das hier ist ihr kultureller Treffpunkt. Wo noch bis in die 1960er-Jahre Öfen produziert wurden, kannst du heute richtig was erleben: Kneipe, Gartencafé, Galerie, Kino, Livemusik und Theater sind hier vereint – im einzigartigen Ambiente eines über hundert Jahre alten Industriedenkmals. *Mo geschl. | Sandberg 3a | basiskulturfabrik.de*

INSIDER-TIPP
Kulturszene statt Kachelofen

RUND UM NEUSTRELITZ

1 GROSSER FÜRSTENSEER SEE

10 km/30 Min. von Neustrelitz (Fahrrad über Wilhelm-Stolte-Str.)

Östlich von Neustrelitz glitzert im Müritz-Nationalpark dieser geschützte See mit ausgezeichneter Wasserqualität. Motorboote sind verboten, es herrscht Ruhe, das Wasser ist glasklar. Tolle Badestellen gibt es im Dorf *Fürstensee* und am Südostufer. Nördlich könnt ihr die alten *Buchenwälder* um Serrahn durchstreifen, die zum Unesco-Weltnaturerbe gehören. L6

KLEINSEEN-PLATTE

(K-L 6-7) **Südlich von Neustrelitz, zwischen den malerischen Ortschaften Userin, Mirow und Priepert, liegen die vielen Seen der Neustrelitzer Kleinseenplatte.**

Eine wunderschöne Landschaft, ideal für unvergessliche Naturerlebnisse, um frische Luft zu atmen, Tiere zu beobachten und zu entspannen. Auf einsamen Landstraßen macht das Radeln von einem Dorf zum anderen richtig Spaß, und fürs Picknick gibt es immer einen schönen Platz am See. Wassersportler schnappen sich ein Kajak und können kilometerlang über die Seen paddeln, denn alle sind miteinander durch Kanäle verbunden. Nicht selten

NEUSTRELITZER & FELDBERGER SEEN

sieht man Biber, Ringelnattern und Fischadler. Ein Abenteuer ist die Fahrt über den Müritz-Havel-Kanal in die Müritz, denn es gilt, die große Schleuse in Mirow zu passieren!

ORTE AN DEN SEEN

2 MIROW ⭐

Klein, aber oho – das Residenzstädtchen Mirow (4000 Ew.) verblüfft mit einer Fülle lauschiger Plätze und der Geschichte einer deutschen Prinzessin, die englische Königin wurde. Sophie Charlotte, 1744 hier geboren, beschwerte sich in einem Brief beim preußischen König über das schlechte Benehmen seiner Armee in Mecklenburg. Der Legende nach kam der Inhalt des Briefs dem britischen König Georg III. zu Ohren. Der, beeindruckt vom Stil und Mut der Prinzessin, hielt um ihre Hand an, und die 17-Jährige reiste nach England, heiratete ihn und kehrte nie zurück. Die Mirower sind ganz stolz darauf, dass die Tochter von Prinz William und Herzogin Kate auch den Namen Charlotte trägt.

Die *Schlossinsel* mit dem *Torhaus* aus der Renaissance, dem spätbarocken *Drei-Königinnen-Palais (April–Okt. tgl. 10–18, Nov.–März Fr–Mo 10–16 Uhr | Eintritt 5 Euro | 3koeniginnen.de)* – hier gibt's eine interaktive Ausstellung zur Geschichte der Region – und dem *Barockschloss (Mai/Juni, Sept./Okt. Di–So, Juli/Aug. tgl. 10–17 Uhr | Eintritt 6 Euro | mv-schloesser.de/mirow)* war bis zu ihrer Hochzeit das Zuhause der Prinzessin. Vom Turm der *Schlosskirche* hast du den Überblick: auf die kleine, vorgelagerte *Liebesinsel* und den Mirower See, der ein idealer Ausgangspunkt zum Wasserwandern ist. Entsprechende Fahrzeuge verleiht der *Bootsservice Rick & Rick (Schlossinsel 6 | Tel. 039833 2 05 13 | bootsservice-rick.de)*. Wer nicht aufs Wasser will, kann wunderbar die Strandpromenade bis zum kleinen Mirower Hafen entlangspazieren. *K7*

3 WESENBERG

Das Wahrzeichen des Orts (3100 Ew.) ist die mittelalterliche *Burg* oben auf einem Hügel. Vom alten Fangelturm habt ihr einen tollen Blick über den

Porträts alter Männer und junger Frauen im Mirower Drei-Königinnen-Palais

KLEINSEENPLATTE

Woblitzsee, die Havel und die zahlreichen Bewässerungskanäle. Einzigartig in Norddeutschland ist die hölzerne *Hausbrücke* im Ortsteil Ahrensberg – ein romantischer Treffpunkt für Verliebte. Falls ihr nicht nur zu zweit unterwegs seid, versucht doch mal, die alte *Linde* neben der Kirche zu umfassen – ein Naturdenkmal mit 8 m Stammumfang! Und solltet ihr zufällig am ersten Juliwochenende hier sein, verpasst nicht das *Burgfest* mit Ritterkämpfen und Mittelaltermarkt. *K7*

4 PRIEPERT
Priepert und die nahen Dörfer Wustrow und Canow sind mit ihren 15 umliegenden Seen eine Traumregion für Wassersportler. Ihr könnt Kanus leihen und geführte Touren buchen beim Kanuverleih *Kanatu (An der Havel 32 | Tel. 039828 2 64 57 | kanatu. de)*. Eine Nummer größer sind die Motorboote, Yachten und Flöße, die im *Yachthafen (An der Havel 28 | Tel. 039828 2 04 30 | yachthafenpriepert. de)* vermietet werden. Auf dem Großen Priepertsee macht Wasserskifahren an der *Kanustation Priepert (Am Priepert-See 18 | Tel. 039828 201 47 | priepertsee.de)* Laune, und um die Ecke etwas weiter östlich liegt ein *Badeplatz* mit Sprungturm und Badeinsel. Geheimtipp für Wanderer: der *Ellbogenseeweg*, auch „Urwaldweg" genannt.

INSIDER-TIPP
Ein Gefühl wie im Urwald

Schmale Pfade führen vorbei an mächtigen Baumriesen, den See immer vor Augen. *L7*

ESSEN & TRINKEN

BLAUE MAUS
Durchgestyltes Wohnzimmerflair trifft auf originelle heimische Küche – Wild, natürlich selbst gejagt, ist besonders

Stehpaddler oder Sitzpaddler? Egal, auf dem Schmalen Luzin fühlen sich alle wohl

NEUSTRELITZER & FELDBERGER SEEN

angesagt. Der Biergarten im Innenhof ist daher mit Hirschgeweihen und Bocksgehörnen gespickt. *Mi–So ab 17 Uhr | Schlossstr. 11 | Mirow | Tel. 039833 2 17 34 | blaue-maus-mirow.de | €€ | ⌑ K7*

BODINKA
Bist du bereit für eine Zeitreise in die Vergangenheit? Im Gastraum mit Vintage-Charme der DDR-Zeit werden reichliche Portionen mecklenburgischer Fisch- und Fleischgerichte aufgetischt. Der alte Kachelofen sorgt im Winter für angenehme Wärme. *So geschl. | Kreuzstr. 1 | Wesenberg | Tel. 039832 2 03 21 | €–€€ | ⌑ K7*

ZUR SCHLEUSE
Im freundlichen Gastraum und auf der Terrasse am Canower See hast du die Wahl zwischen Fisch, Wild, deftiger Hausmannskost und Vegetarischem. Selbst gemachtes Eis gibt's zum Nachtisch. *April–Okt. tgl. | Canower Allee 20 | Canow | Tel. 039828 2 03 92 | gasthauszurschleuse.de | €€ | ⌑ K7*

SPORT & SPASS

HOCHSEILGARTEN HAVELBERGE
Wassersportangebote gibt es in der Region an fast jedem See, da ist ein Balanceakt im Hochseilgarten doch mal was ganz anderes. In bis zu 10 m Höhe erwarten euch sechs verschiedene Parcours mit anspruchsvollen Kletterhindernissen – besonders schwindelfreie Kletterer trauen sich sogar auf den Parcours „Schwarz plus". *Juni-Aug. tgl. 10–19, April/Mai, Sept./Okt. Di, Do–So 10–18 Uhr | Eintritt 18 Euro | An den Havelbergen 1 | Userin | Tel. 03981 24 79 33 | haveltourist.de/hochseilgarten | ⌑ K6*

FELDBERG

(⌑ M6) **Feldberg (4400 Ew.) versprüht den Charme eines größeren Dorfs, allerdings eines, das von acht Seen umgeben ist!**
All diese Gewässer, wie der *Breite Luzin* und der *Schmale Luzin*, der *Carwitzer See* oder der *Zansen*, sind sogenannte Himmelsseen. Sie werden nicht von Flüssen, sondern vom Regen „befüllt". Einen tollen Blick auf diese Wasserlandschaft hast du nördlich der Stadt vom *Reiherberg*. Doch Feldberg ist nicht nur beschaulich und ruhig. Jeden August rockt hier das kunterbunte *3000-Grad-Festival* (s. S. 21) in einer Kiesgrube – einigen lärmempfindlichen Bürgern zum Trotz.

SIGHTSEEING

BASILIKA
Sie thront über Feldberg und hat eine besondere Geschichte: Als 1870 die alte Holzkirche in Flammen aufging, wurde kurz darauf diese prächtige Basilika gebaut, diesmal aus brandsicheren Ziegeln. Der *Luzinkanal*, durch den du heute vom Haussee in den Breiten Luzin paddeln kannst, wurde extra angelegt, um die Steine mit Kähnen herüberzuschippern. Geh ruhig rein – das Christusgemälde ist alt und stammt von einem einheimischen Maler. Falls geschlossen ist: Den Kirchenschlüssel

FELDBERG

bekommst du im *Pfarrbüro (Prenzlauer Str. 18). Im Sommer tagsüber geöffnet* | *Am Kirchberg*

KURPARK
Im Kurpark kannst du kneippen, mit Doppel-P. Also deine Füße in eiskaltes Wasser tauchen und darin herumstaksen. Eine *Kneippanlage* ganz im Sinn der alten Kurorttradition macht's möglich. Deine Venen werden es dir danken, und du fühlst dich frisch und munter genug, um gleich anschließend durchs *Gräserlabyrinth* zu stromern oder den *Barfußpfad* auszuprobieren. Im Kurpark blüht es aber auch wunderschön, und ringsherum stehen prächtige Villen. Und wer sich traut: Im Sommer können sich Verliebte auf dem *Hochzeitssteg* das Jawort geben!

ESSEN & TRINKEN

FELDBERGER EISMANUFAKTUR
Hier gibt's selbst gemachtes Eis in Sorten wie Sanddorn, Eierlikör oder Kiwi, dazu besondere Kaffeespezialitäten. Faire Preise. Im Sommer kannst du auch nett vor der Tür sitzen. *Tgl.* | *Fürstenberger Str. 1* | *Tel. 039831 1 58 41*

FELDBERGER SCHOKOSTUBE
Der kleine Laden mit Kuschelambiente ist vieles in einem: Manufaktur, Frühstückscafé, Souvenirshop mit selbst gemachter Schokolade und Eisdiele mit hauseigenem Frozen Yoghurt samt wählbaren Toppings – nix wie hin! *Di–So 9–17 Uhr* | *Strelitzer Str. 4* | *Tel. 039831 222 32* | *feldberger-schokostube.de*

MECKLENBURGER FISCHSTÜBCHEN
Ob Hecht, Zander oder Aal – fast jeder heimische Fisch landet hier auf dem Teller. Gebraten, geräuchert oder gekocht? Du hast die Wahl. Da das Mecklenburger Fischstübchen zu Recht sehr beliebt ist, solltest du vorab reservieren. *April–Okt. Di geschl., Nov.–März Di/Mi geschl.* | *Amtsplatz 33* | *Tel. 039831 2 08 76* | *fischstuebchen-feldberg.de* | *€€*

TENZO GASTHOF
Macht einen Ausflug nach Triepkendorf – es lohnt sich. In einem alten Schulhaus mit Garten werden überwiegend ökologisch produzierte regionale Produkte in außergewöhnlichen Kombinationen aufgetischt. Edelküche in der Pampa sozusagen. Ein von vielen Einheimischen und Reisenden geliebtes Restaurant, also besser vorab reservieren. *Juli–Okt. Mi geschl., Sept.–Juni Di/Mi geschl.* | *Alter Schulweg 2–4* | *Triepkendorf* | *Tel. 039820 3 39 40* | *tenzo-gasthof.de* | *€€–€€€*

SHOPPEN

ALLES BEI GALLES
Man braucht ja im Urlaub und beim Campen so allerlei. Solltest du etwas vergessen haben: In diesem gut sortierten Laden mit Ostalgiecharme findest du es bestimmt! Wäscheklammern, Geschirr, Brennpaste, Becher, Bälle, Malbücher … der Name ist jedenfalls Programm – und die Post ist auch gleich hier. *So geschl.* | *Fürstenberger Str. 13*

NEUSTRELITZER & FELDBERGER SEEN

Ab aufs Wasser! Der Schmale Luzin ist nur einer von acht Seen rund um Feldberg

SEENFISCHEREI FELDBERG
Frisch gefischt oder über Erlenholz geräuchert – Oliver Pahlke bietet sämtliche heimischen Fische an. Einfach anrufen, Angebot erfragen, hinfahren. Wer mag, kann ihn auf einer Erlebnistour *(ab 2 Pers., ca. 4 Std. | 100 Euro p. Pers.)* beim Fischen begleiten. *Erfurthstr. 5 | Mobiltel. 0173 8 92 69 87 | seenfischerei-feldberg.com*

SPORT & SPASS

Fast jedes Hotel und jeder Campingplatz verleiht Boote und Kanus. Rund um Feldberg gibt es gut beschilderte Rad- und Wanderwege. Die Schiffe der *Feldberger Fahrgastschifffahrt (Strelitzer Str. 40 | Tel. 039831 2 09 40 | feldberger-fahrgastschifffahrt.de)* legen täglich von 10 bis 21 Uhr zu zweistündigen Touren über fünf Seen oder den Schmalen Luzin ab. Außerdem könnt ihr hier Fahrräder und Boote aller Art leihen. Das Plus: Ein Fahrrad-Shuttleservice wird angeboten. Bei *Ruhepuls-Sporttouristik (Amtsplatz 50 | Tel. 039831 2 29 09 | ruhepuls.com)* am Feldberger Haussee könnt ihr Tom-Sawyer-Flöße leihen oder beim Stand-up-Paddling übers Wasser gleiten.

WIESENPARKFÜHRUNG
Bei der kostenlosen Führung erklärt dir der Naturpark-Ranger, welche Orchideen hier wachsen, welche Tiere hier leben und wie man diese große Artenvielfalt erhält. *Mai–Juli Fr 10 Uhr, Dauer 2 Std. | Treffpunkt: Touristinformation, Strelitzer Str. 42*

FELDBERG

STRÄNDE

Auf der Halbinsel Amtswerder kannst du am öffentlichen 👥 Badestrand schwimmen. Er ist sandig, geht flach rein und ist damit auch für Kinder geeignet. Ein kostenpflichtiger Parkplatz liegt gegenüber des Restaurants Mecklenburger Fischstübchen. An der Nordspitze der Halbinsel gibt es eine Liegewiese mit Bäumen, wo man fast alleine ist.

AUSGEHEN & FEIERN

ABENDSEGLER

Etwa zweimal im Monat gibt es im Abendsegler ab 19.30 Uhr Livemusik: von sanften Gitarrenklängen über Jazz, Folk und Pop bis hin zu Rock – je nach Wetterlage zu erleben im urigen Gewölbekeller oder im gemütlichen Hof des Restaurants. Eine echte Köstlichkeit sind hier übrigens die Flammkuchen! *Mo–Sa ab 18 Uhr | Strelitzer Str. 4 | Tel. 039831 2 22 34 | abendsegler.com | €*

BISTRO AM SEE

Im Bistro des Sportanbieters Ruhepuls am Feldberger Haussee wird im Sommer jeden Dienstag und Donnerstag beim Event *Steg in Flammen* die Feuerschale angezündet, und Musiker geben auf einer Wasserbühne Konzerte. Auf der kultigen Terrasse hast du einen guten Blick und gönnst dir dazu einen Snack und ein kühles Getränk. *Amtsplatz 50 | Tel. 039831 2 29 09 | ruhepuls.com*

Füße am Feuer, Nase im Wind, Musik aufm Wasser: „Steg in Flammen" im Bistro am See

NEUSTRELITZER & FELDBERGER SEEN

RUND UM FELDBERG

5 SCHMALER LUZIN ⭐
2 km/10 Min. von Feldberg (Fahrrad)
Wenn ihr eure Wanderung oder Radtour zwischen Feldberg und Carwitz abkürzen möchtet, ist eine Überfahrt mit Fährmann Tom am Schmalen Luzin die Lösung und ein echtes Erlebnis: Vom Steilufer der Feldberger Seite habt ihr beim Abstieg über 105 Stufen einen tollen Blick auf den dunkelgrünen See. Unten einfach rufen: „Fährmann, hol över!", und Tom startet die Luzinfähre – eine der letzten handbetriebenen Seilfähren Europas. Der Schmale Luzin ist für motorisierte Boote nämlich gesperrt. Bei Toms *Luzinfähre & Bootsverleih „Am Schmalen Luzin"* (Mai/Juni, Sept. Fr-Di, Juli/Aug. tgl. 10-18 Uhr | Überfahrt 2 Euro, Fahrräder 1 Euro | An der Fähre 1 | Mobiltel. 0170 3 07 01 28 | luzinfaehre.de) gibt's außerdem ein schönes *Terrassencafé (€)* direkt am Wasser. Auch Kanus und Ruderboote kann man leihen. ==Im Sommer locken jeden Dienstag um 17 Uhr die „Geschichten mit dem Fährmann" – lasst euch überraschen!== ▢ M-N6

INSIDER-TIPP: Erzähl mal, Fährmann!

CARWITZ

(▢ M-N6) **Er wusste einfach, wo es am schönsten ist: Der Schriftsteller Hans Fallada ließ sich 1933 mit seiner Familie in Carwitz nieder.**
Das romantische Fischerdorf mit dem Buckelpflaster gleicht einer Insel, denn es ist umgeben von Wasser – ein Flair wie im Bilderbuch. An jeder Ecke gibt es etwas Schönes zu entdecken. Und erst die herrlichen Badestellen in der Nähe: mit einem Kopfsprung vom Steg in den Carwitzer See hechten, am Steilhang ins glasklare Wasser des Schmalen Luzin tauchen oder splitternackt in den Waldbuchten am Bohnenwerder schwimmen.

SIGHTSEEING

HANS-FALLADA-MUSEUM ⭐
Rudolf Ditzen, alias Hans Fallada, musste nur auf den Carwitzer See

schauen, und schon strömten die Worte aus seiner Feder. Der Autor wählte diesen Ort zu seiner Heimat, weil ihm die Landschaft so gefiel. Er ließ eine Villa bauen und einen wunderschönen Garten anlegen. Heute ist hier ein Museum eingerichtet. Es erzählt vom bewegten Leben und vom Werk des schwierigen Genies (1893–1947). Leih dir den Audioguide, er entführt dich authentisch und mitreißend in die Zeit Falladas. Seine letzte Ruhestätte befindet sich übrigens im *Fallada-Park,* auf dem ehemaligen Friedhof am Ortseingang. *April–Okt. Di–So 10–17, Nov.–März 13–16 Uhr | Zum Bohnenwerder 2 | fallada.de |* ⏱ *2 Std.*

ESSEN & TRINKEN

CAFÉ SOMMERLIEBE

Grüne Wiese, blühende Blumen, kleine Tische auf einer hölzernen Terrasse: Die Liebe zum Detail ist überall spürbar, vor allem in den Kuchenkreationen – glutenfrei und vegan. Pflaume mit Baiser oder Mango-Streusel mit Schmand? Probier es aus! *Mo geschl. | Carwitzer Str. 37 | Tel. 03983 1 5 91 09 | Facebook: Café Sommerliebe*

JUHL'S

Mitten im Dorf serviert Familie Juhl hervorragende Fischgerichte, aber auch Wild und Lamm. Das Eis ist selbst gemacht. Im Sommer ist neben dem lauschigen Garten auch ★ *Juhl's Imbiss* geöffnet: Fischbrötchen und Bockwurst für den kleinen Hunger zwischendurch und frisch gezapftes Bier (0,5 l für 2,50 Euro!). Dazu sitzt du nett an kleinen Tischen. *Mai–Okt. tgl., Nov.–April Sa/So | Carwitzer Str. 66 | Tel. 03983 1 2 04 65 | juhl-carwitz.de | €€*

ZUM SCHWALBENNEST

Ein Ausflug ins 5 km entfernte Wittenhagen lohnt sich: Bei Sommerwetter sitzt du wie bei Freunden im Garten unterm Sonnenschirm, Kaninchen

MÄRCHENWANDERUNG MIT STEFANIE

Was ist der Teufelsstein und wieso gibt es auch noch einen Teufelsbruch? Wieso heißt der Holunder so wie er heißt, warum sind die Blätter eines Baumes gerundet, andere gezackt, und wieso haben Menschen überhaupt angefangen, sich Sagen und Legenden zu erzählen? Das und vieles mehr erfährt man bei einer Märchenwanderung durch den geheimnisumwitterten Hullerbusch mit Märchenerzählerin Stefanie Keller. Zwei Stunden dauert die Tour, wobei Augen und Ohren sich ganz auf die Natur konzentrieren sollen. Groß und Klein erfahren dabei Dinge und Geschichten, von denen sie vorher gewiss keine Ahnung hatten. Treffpunkt für die Wanderungen ist jeweils um 16 Uhr an der Luzinfähre am Schmalen Luzin oder 16.15 Uhr auf der gegenüberliegenden Seeseite (Hullerbusch). Kinder zahlen 5, Erwachsene 8 Euro, hinzu kommen die Kosten für die Fährfahrt. Wortzauberin Stefanie erreicht man unter *Tel. 0152 54 13 68 30* bzw. unter *wortzauber.org.*

NEUSTRELITZER & FELDBERGER SEEN

Sooo verführerisch sind die Kuchen im Carwitzer Café Sommerliebe

hoppeln auf der Wiese, der Bauerngarten blüht ringsrum. Das Beste: Reichliche Portionen Wild, Geflügel oder Steak werden mit Ebereschen-Beeren serviert. Das schmeckt nicht nur außergewöhnlich, sondern ist auch noch gesund! *Tgl.* | *Hullerbuscher Weg 25* | *Tel. 039831 204 72* | *€€*

SHOPPEN

SCHÄFEREI HULLERBUSCH

Bock auf Schaf? Im Hofladen kannst du nicht nur köstliche Bioprodukte aus eigener Herstellung probieren und kaufen. Im urigen Garten sitzt du auch gemütlich, und es kommen ungewöhnliche Snacks wie Lammsoljanka und Lammwiener auf den Tisch. Zum Nachtisch solltest du dir ein Ziegenmilcheis gönnen – eine tierische Erfahrung! *Mo/Di geschl.* | *Hullerbusch 2* | *Tel. 039831 2 00 06* | *schaeferei-hullerbusch.de*

INSIDER-TIPP: Nichts zu meckern

SPORT & SPASS

Radeln nach Wittenhagen, Thomsdorf oder zur Krüseliner Mühle (Erlebnistour 4, s. S. 124) oder wandern um den Dreetzsee – langweilig wird euch bestimmt nicht. Lust auf was Besonderes? Die blühenden *Hullerbusch*-Wiesen oder der *Hauptmannsberg* mit seinen urig bemoosten Hinkelsteinen, beide gleich hinter dem nördlichen Ortsausgang, sind perfekte Plätze für ein Picknick-Roulette. Jeder von euch nimmt zwei Lebensmittel seiner Wahl mit auf die Rad- oder Wandertour – Hofläden mit regionaler Biokost gibt es ringsum ja genug. Dann werft ihr alles zusammen und kreiert daraus eure Leckerbissen. Noch besser

CARWITZ

schmeckt's mit selbst gepflückten Kräutern, mit denen ihr z. B. den Joghurtdip verfeinert: Essbare Wildpflanzen, wie Gundermann oder Knoblauchrauke, findet ihr garantiert auf der Wiese, auf der ihr sitzt. Keine Ahnung von Grünzeug? Fragt doch den Pilz- und Kräuterexperten Dr. Jochen Kurth! Er bietet persönliche Beratung und lehrreiche Wanderungen in der Gegend an *(Beratung Mo–Fr 10–12 Uhr | Wanderungen für Gruppen ab 6 Pers., 15 Euro p. Pers. | Tel. 039831 2 73 29 | heilpilze-kurth.de).*

**INSIDER-TIPP
Beiß in die Wiese**

FLEEGE

Gleich am Ortseingang könnt ihr neben Kajaks, Kanadiern und SUP-Boards auch „E-Boats" leihen, Ruderboote mit Elektromotor. Ist Norbert Fleege gerade nicht unten an seinem Steg am Dreetzsee, müsst ihr den Berg wieder hinauflaufen und kräftig die Glocke läuten oder rufen. Und während ihr wartet, genießt ihr den herrlichen Blick auf den See. Sein Bruder, im Haus gleich daneben, verleiht Fahrräder. *Carwitzer Str. 30 | Tel. 039831 2 24 95 | carwitz-fleege.de*

STRÄNDE

Die versteckten Waldbuchten der Halbinsel Bohnenwerder am *Carwitzer See* sind perfekt für alle Nacktbade-Fans. Gleich am Ortseingang links gegenüber der Windmühle liegt die öffentliche Badewiese am *Schmalen*

**INSIDER-TIPP
Hüllenlos genießen**

Grünes Herz im grünen See: die Hotelinsel im Brückentinsee

NEUSTRELITZER & FELDBERGER SEEN

Luzin, einem der saubersten Seen der sowieso schon sauberen Region.

AUSGEHEN & FEIERN

ALTE SCHEUNE
Ein Thüringer hat die Scheune gekauft, deshalb gibt es hier Apoldaer Bier. Es gibt Livekonzerte, auch unter der Woche, und im Sommer Lagerfeuermusik mit Songs von den Beatles bis Rosenstolz bei Bratwurst und kühlen Getränken. *Do/Sa, weitere Öffnungstage auf der Website | Carwitzer Str. 33 | Tel. 039831 53 98 70 | alte scheune-carwitz.de*

RUND UM CARWITZ

6 THOMSDORF ★
5 km/20 Min. von Carwitz (Fahrrad)
Kreativität liegt in der Luft, denn in diesem Dorf wohnen viele Künstler und lassen dich in ihre Ateliers schauen. Im *Kunsthandwerkerhof (Mai–Okt. Do–So 11–18 Uhr | Thomsdorf 36a | kunsthandwerkerhof-thomsdorf.de)* gegenüber der alten Feldsteinkirche geht das besonders gut: Wirf z. B. einen Blick in die *Galeriewerkstatt* von Christine Radecke. Sie fertigt Kalender mit Gemälden aus der Region und Skulpturen. Im Sommer finden im Hof regelmäßig Kunsthandwerksmärkte statt. Wer Hunger hat, wird in der *Kantinenwirtschaft (Do–So 12–18 Uhr | Tel. 039889 55 17 88 | diekantinenwirtschaft.de | €€)* fündig. Nach dem Motto „Essen für die Seele" bereitet Helmut Schattka leckere Kleinigkeiten aus regionalen und Bioprodukten zu. Künstlerisch geht es auch im ⚒ *Thomsdorfer Kunstkaten (April– Mitte Okt. Do–So 10–18 Uhr | Eintritt frei | Thomsdorf 42 | thomsdorfer-kunstkaten.de)* von Dagmar und Hubert Ilchmann zu. Im Katen und in einem blühenden Garten sind kleine und große Kunstwerke ausgestellt, darunter Arbeiten des vielseitigen deutschen Schauspielers Armin Mueller-Stahl. ⌘ *N7*

SCHÖNER SCHLAFEN AN DEN NEUSTR. & FELDBERGER SEEN

INDUSTRIESCHICK IN ÖKO
Kultig wohnen, mitten in der Szene! Im *Öko-Hotel Basiskulturfabrik (24 Zi. | Sandberg 3a | Tel. 03981 20 31 45 | basiskulturfabrik.de | €€ | ⌘ L6)* in Neustrelitz haben sich alte Fabrikgebäude in moderne Lofts mit viel Holz und großen Fenstern verwandelt. *A place to be –* auch auf dem Gelände der Alten Kachelofenfabrik, wo abends die Post abgeht.

AB AUF DIE INSEL
Über eine Holzbrücke erreichst du das *Inselhotel Brückentinsee (Wokuhl-Dabelow | Tel. 039825 2 02 47 | inselhotel-brueckentinsee. de | €€€ | ⌘ M7)* auf seiner herzförmigen Insel. Neben zehn Zimmern gibt es zwei rustikale Vier-Personen-Bungalows mit Seeterrassen. Highlight für Ornis: Fischadler live über eine Kamera beobachten.

ERLEBNIS TOUREN

Lust, die Besonderheiten der Region zu entdecken? Dann sind die Erlebnistouren genau das Richtige für dich! Ganz einfach wird es mit der MARCO POLO Touren-App: Die Tour über den QR-Code aufs Smartphone laden – und auch offline die perfekte Orientierung haben.

❶ DIE MECKLENBURGISCHEN SEEN PERFEKT IM ÜBERBLICK

- ➤ Durch romantische Schlossgärten streifen
- ➤ „Wow!" sagen unter 1000-jährigen Eichen
- ➤ Von der Biowurst zum Kunsthandwerk oder andersrum

📍 Schwerin

🏁 Plau am See

➡ Strecke: 380 km

🚗 5 Tage, reine Fahrzeit 8 Stunden

ℹ Mitnehmen: Badesachen, feste Schuhe, Picknick

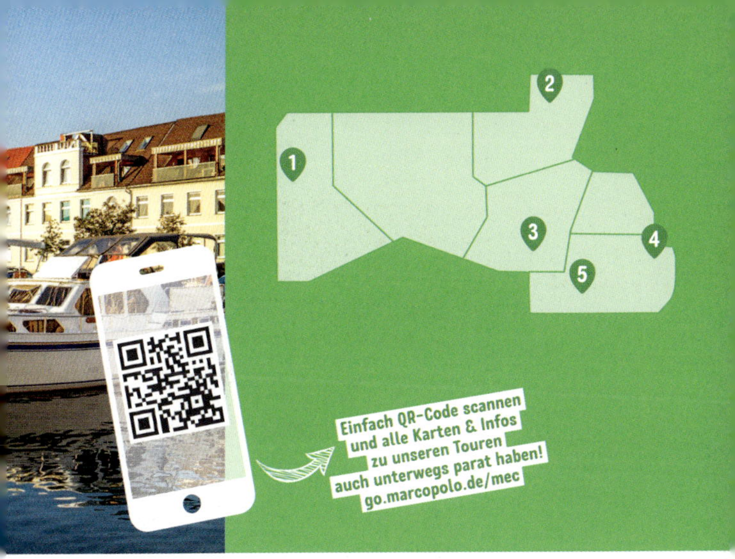

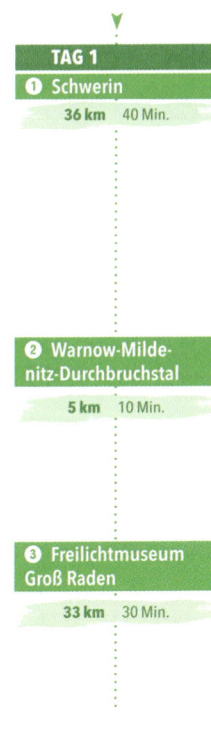

Der Hafen von Waren ist Startpunkt für so manchen Müritztörn

ENTDECKE DIE LANDESHAUPTSTADT

Du startest in der Landeshauptstadt ❶ **Schwerin** ➤ S. 38, am besten am **Dom**. Von hier aus sind alle Sehenswürdigkeiten zu Fuß erreichbar. Bei **Ilka Eis & Heiß** *(April–Okt. tgl. | Enge Str. 2 | ilka-eis.de)* holst du dir das beste Softeis der Stadt und tingelst anschließend über das berühmte **Schloss** in das kultige Shoppingviertel **Schelfstadt**. Stöber in den kleinen Läden und verhandele Preise für deine Lieblingsteile, bevor es *über die B 104* zu den nächsten Zielen geht.

TAG 1

❶ Schwerin

36 km 40 Min.

WILDE WASSER UND ALTE SLAWEN

Zuerst in die Natur zum ❷ **Warnow-Mildenitz-Durchbruchstal** ➤ S. 54. Das Tosen der zusammenlaufenden Flüsse zwischen den Steilhängen ist ohrenbetäubend und atemberaubend – ein echtes Naturschauspiel, das du *auf einem 4 km langen Wanderweg* ausgiebig erlebst. Pack an einem schönen Platz dein Picknick aus. Gestärkt steigst du wieder ins Auto und kommst *wenige Kilometer weiter zum* ❸ **Freilichtmuseum Groß Raden** *(April–Okt. tgl. 10–17.30, Nov.–März Di–So 10–16.30 Uhr | Eintritt 3,50 Euro, Kinder ab 6 Jahren 2 Euro, Familien 7 Euro | Kastanienallee 49 | Sternberg | freilichtmuseum-gross-raden.de),* wo du dich über das

❷ Warnow-Mildenitz-Durchbruchstal

5 km 10 Min.

❸ Freilichtmuseum Groß Raden

33 km 30 Min.

④ Güstrow	Leben der alten Slawen schlaumachst. *Wieder auf der B 104, fährst du bis nach* ④ Güstrow ▶ S. 50 und übernachtest im Gästehaus Heß *(gaestehaus-hess.com)*. Da erwartet dich morgen ein üppiges Frühstück.
29 km 30 Min.	

TAG 2

SPAZIERGANG DURCH DIE BARLACH-STADT

Ausgeschlafen und munter durch einen guten Kaffee, startest du zur Stadttour durch Güstrow. Vom Turm der Marienkirche hast du einen tollen Blick über den Marktplatz. Ob du willst oder nicht, den „Schwebenden" des Bildhauers Ernst Barlach im Dom darfst du nicht verpassen, sonst bist du nicht in Güstrow gewesen. Zum zweiten Frühstück gönnst du dir ein Stück Apfel-Mohn-Torte im Café Küpper, und die Welt ist in Ordnung. Nur *200 m weiter* steht das Schloss, das nach und nach saniert wird. Im Schlossgarten duftet es nach Lavendel und Salbei, eine verführerische Mixtur.

IM LAND DER URALTEN EICHEN

⑤ Teterow	*Weiter auf der B 104* erreichst du mit ⑤ Teterow ▶ S. 73 die Mecklenburgische Schweiz. Nach einem Bummel durchs Mühlenviertel setzt du mit der Seilfähre zur Burgwallinsel *über*, um im reetgedeckten Wendenkrug ▶ S. 74 Mittag zu essen. Dabei genießt du einen traumhaften Blick auf den Teterower See. Romantischer geht's nicht? Doch, denn *in Remplin biegst du auf die Wendischhägener Straße ab, um über die*
19 km 20 Min.	

L 20 ❻ **Basedow** ➤ S. 71 zu erreichen. Das **Schloss** ist ein richtiges Dornröschen-Setting und spiegelt sich im Teich des Schlossparks. *Über Malchin gelangst du wieder auf die B 104, biegst in Stavenhagen auf die B 194 ab* und bist schon am nächsten Highlight der Region, den 1000-jährigen ❼ **Ivenacker Eichen** ➤ S. 67. Vielleicht stand schon dein Urururururur…-Großvater davor, mit 33 „Urs" ist die Generation vor 1000 Jahren erreicht. Er dürfte jedoch nicht sehr beeindruckt gewesen sein, denn da waren die Eichen noch klein.

TAUCH EIN INS MITTELALTER

Abends suchst du dir in ❽ **Neubrandenburg** ➤ S. 88, einer der wenigen Städte mit einer komplett erhaltenen mittelalterlichen **Stadtmauer**, ein Bett. Verpass nicht das Restaurant **Wiekhaus 45** ➤ S. 93 – eine perfekte Symbiose aus historischem Ambiente und kulinarischem Genuss.

Heute lieber früh raus aus den Federn, denn der Tag ist gut gefüllt! Die B 104 lässt du nun hinter dir und *folgst der MST 35 nach Süden*. ❾ **Burg Stargard** ➤ S. 94 mit seiner mittelalterlichen **Burg** ist die erste Station. Im

❻ Basedow	
25 km	25 Min.

❼ Ivenacker Eichen	
31 km	30 Min.

❽ Neubrandenburg	
10 km	15 Min.

TAG 3

❾ Burg Stargard	
26 km	30 Min.

Bei einer Führung im Kräutergarten der Burg Stargard gibt's einiges zu schnuppern

Freunde des Rückenwinds: Radfahrer am Ufer und Segler auf der Müritz

Sommer verwandeln sich die umliegenden Streuobstwiesen in einen schlaraffenlandartigen Selbstbedienungsladen.

ZWEIMAL SEENIDYLLE

⓿ **Feldberg**
1,5 km 5 Min.

⓫ **Schmaler Luzin**
6 km 10 Min.

⓬ **Carwitz**
39 km 40 Min.

Das nächste Ziel ⓿ Feldberg ➤ S. 105 *ist nur gut 30 Minuten entfernt.* Zur Mittagspause springst du ins klare Wasser des ⓫ Schmalen Luzins ➤ S. 109, oben am Steilufer ist ein Parkplatz. Beim Fährmann bekommst du einen Snack und kannst eine Runde im Kanu drehen. Lass im nahen Dörfchen ⓬ Carwitz ➤ S. 109 das Auto am Ortseingang stehen. Ein Bummel über das Kopfsteinpflaster fühlt sich gut an, und du kannst in Ruhe die hübschen Häuser und blühenden Gärten bewundern.

⓭ **Neustrelitz**
9 km 10 Min.

Danach fährst du *noch 40 Minuten über die B 198 bis* ⓭ Neustrelitz ➤ S. 100. Über den Marktplatz und durch das Residenzviertel schlenderten schon die Mecklenburger Herzöge. Was gibt es Schöneres, als ein Abendessen am See zum Sonnenuntergang? Reservier dir einen Tisch im Bootshaus Neustrelitz! Hier gibt es auch sieben Zimmer zum Übernachten.

ERLEBNISTOUREN

KLETTERACTION, EINE SCHLOSSINSEL UND SHOPPING IN DER SCHEUNE

Action ist angesagt! *Die MST 7 führt dich durch den Wald zum* ⓮ Hochseilgarten Havelberge ▶ S. 105. Hangel wie Tarzan über die Kletterparcours, und du wirst hinterher jeden Muskel spüren. In *Wesenberg triffst du wieder auf die B 198, die dich nach* ⓯ Mirow ▶ S. 103 *bringt.* Jetzt schnell zum Mittag in die Blaue Maus ▶ S. 104 – nach der Kletterei knurrt der Magen. Bei einer Runde über die Mirower Schlossinsel ist das Mittagstief schnell überwunden. Falls doch nicht, leih dir beim Bootsservice Rick & Rick ein Boot, und lass auf dem Mirower See die Beine ins Wasser baumeln.

Noch kein Souvenir? In der ⓰ Scheune Bollewick ▶ S. 86 wirst du fündig, von der Biowurst bis zum Kunsthandwerk gibt es alles. Abends landest du an der Müritz und übernachtest in ⓱ Röbel ▶ S. 84. Von der alten Windmühle hast du einen Blick, der mit deiner Lieblingssorte Eis vom Eisparadies am Ziegenmarkt doppelt schön ist.

RADTOUR IM MÜRITZ-NATIONALPARK

Heute erreichst du mit ⓲ Waren ▶ S. 80 das Herz der Müritzregion. Der Hafen ist schön, das Müritzeum sehr interessant, doch das Highlight ist der ⓳ Müritz-Nationalpark ▶ S. 83. Leih dir ein Fahrrad im Hotel Radlon ▶ S. 82, und radel direkt los. *In gut 30 Minuten erreichst du* ⓴ Federow ▶ S. 83 *und bekommst* einen schönen Einblick in den Nationalpark mit seinen Gewässern, Wiesen und Wäldern. Mit etwas Glück entdeckst du über der Müritz einen Fischadler. Durst? Im urigen Biergarten Zum Jäger gibt es frisch Gezapftes.

Zurückgeradelt und wieder rein ins Auto, jetzt kommt die letzte Etappe! *Die L 205 bringt dich nach Alt Schwerin, wo du wieder auf die B 192 triffst.* ㉑ Plau am See ▶ S. 58 ist schnell erreicht, eine zauberhafte Stadt mit chilligem Hafen, verwinkelten Gassen und einer alten Hubbrücke. Das Restaurant Fackelgarten ist der perfekte Ort, um die Reise bei Kerzenschein und Fischpralinen ausklingen zu lassen.

TAG 4

⓮ Hochseilgarten Havelberge
17 km · 20 Min.

⓯ Mirow
23 km · 20 Min.

⓰ Scheune Bollewick
4 km · 10 Min.

⓱ Röbel
23 km · 25 Min.

TAG 5

⓲ Waren
3 km · 10 Min.

⓳ Müritz-Nationalpark
4 km · 15 Min.

⓴ Federow
47 km · 1 Std. 20 Min.

㉑ Plau am See

❷ PEENE-FLUSSTOUR: AUF DEM „AMAZONAS DES NORDENS"

- ➤ Den Kopfsprung vom Holzsteg wagen
- ➤ Biber und Adler beobachten
- ➤ Im Grünen picknicken

📍	Abenteuer Peenetal	🏁	Demmin
→	Strecke: 17 km	🛶	1 Tag, reine Paddelzeit 4 Stunden

ℹ️ ❶ **Abenteuer Peenetal** holt dich zusammen mit deinem Leihkajak in Demmin wieder ab.
Mitnehmen: Badesachen, Picknick
Achtung: Auf der Peene gilt das Rechtsfahrgebot. Alle Seitenarme sind Naturschutzgebiete und dürfen nicht befahren werden.

---

❶ **Abenteuer Peenetal**
1,4 km   20 Min.

❷ **Wasserwanderrastplatz Aalbude**
0,5 km   10 Min.

❸ **Aussichtsturm**
8,4 km   2 Std.

ADLERSPOTTING AUF DEM AUSGUCK

Mach dich früh auf den Weg, dann knallt die Sonne über der ⭐ Peene noch nicht so. Wenn du kein eigenes Boot hast, leihst du dir ein Kajak in Verchen bei ❶ Abenteuer Peenetal ➤ S. 69. Auch dein eigenes Boot setzt du hier ein. Und los geht's: *Du hältst dich rechts und paddelst ein Stück über den Kummerower See.* Schon bald kommt der Aussichtsturm bei Aalbude in Sicht. Lass dein Boot am ❷ Wasserwanderrastplatz Aalbude ➤ S. 69 mit seinem Restaurant liegen und enter den ❸ Aussichtsturm. Wenn du oben eine Weile still sitzt, siehst du bestimmt einen Adler.

STILLE PAUSE AM STEG

Bevor du weiterpaddelst, gönn dir eine Stärkung mit einem Getränk, um deinen Akku aufzuladen. Und dann geht es weiter, immer das obere Peenetal entlang. Schilfgürtel, Wäldchen und weite Flächen wechseln sich ab. Beim ruhigen Paddeln kannst du seltene Was-

ERLEBNISTOUREN

servögel und vielleicht sogar einen Biber entdecken. Nach 2 Stunden Paddelei ist es Zeit fürs Picknick am ❹ **Wasserwanderrastplatz Trittelwitz**. Am langen Holzsteg springst du ins Wasser, genießt die Stille oder machst vielleicht auch ein Nickerchen, bevor es die nächsten 7 km weitergeht.

❹ **Wasserwanderrastplatz Trittelwitz**
6,7 km 1 Std. 40 Min.

STADTBUMMEL IN DEMMIN

Nach noch einmal knapp 2 Stunden erreichst du ❺ **Demmin** ➤ S. 66. Rechts liegen die Reste einer slawischen Burg und eines riesigen Herrenhauses. Ein Stück weiter teilt sich die Peene um eine kleine Insel, auf der das Hanseviertel liegt. *Du bleibst links und erreichst den* **Wasserrastplatz Blau-Weiß Demmin** *im Hafen*. Zieh das Kajak an Land und verschnauf erst einmal.

❺ **Demmin**

Wenn du wieder fit bist, bummelst du durch das **Hafenviertel** und stattest dem Findling bei der **Bartholomaei-Kirche** mit seiner traurigen Geschichte einen Besuch ab. Es bleibt noch Zeit für ein Essen und ein Fassbier in der **Kleinen Hafenklause** *(Do geschl. | Am Hanseufer 2 | Tel. 03998 2095522 | €–€€)*, bevor die Leute von Abenteuer Peenetal dich und das Kajak wieder in Demmin einsammeln.

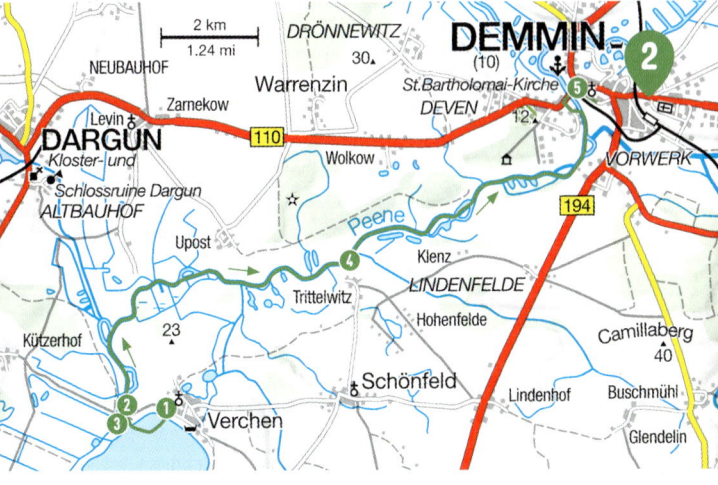

❸ EINE WANDERUNG IM MÜRITZ-NATIONALPARK

- Vier Seen und viel schöne Aussicht
- Nickerchen unterm Naturdenkmal
- Planschen ohne Zuschauer an einer versteckten Badestelle

- 📍 Boek
- 🚩 Boek
- 🔄 Strecke: 23 km
- 🚶 8 Stunden, reine Gehzeit 6 Stunden
- 📊 leicht
- ℹ️ Mitnehmen: Picknick, Badesachen, Mückenschutz, Fernglas

❶ Boek
2,3 km   30 Min.

❷ Doppelkiefergraben
10,2 km   2 ½ Std.

❸ Sommerlinde
1,2 km   20 Min.

GUCK MAL, WAS DA SCHWIMMT UND FLATTERT

Am Morgen startest du in ❶ Boek, einem Miniort an der Müritz mit Naturladen, ein paar Unterkünften und Restaurants. *Du läufst vom Spielplatz, wo du auch parken kannst, die Boeker Straße entlang in Richtung Campingplatz.* Nach 2,3 km erreichst du den Aussichtsplatz ❷ Doppelkiefergraben. Die Müritz liegt in ihrer ganzen Pracht vor dir, Wasservögel schnattern im Schilf.

Weiter geht es rund 10 km durch schönste Natur. *Zunächst 1,3 km parallel zum Hermannsgraben, der sich dann mit dem Flöttergraben vereint* und den dunkelgrünen Specker See mit der Müritz verbindet. *Den Specker See umrundest du,* besteigst dabei Aussichtstürme, beobachtest Fischadler und mit etwas Geduld auch Biber, Fischotter und Kraniche.

TRAUMBAUM UND BADEVERSTECK

Dann ist es Zeit für eine Pause im Örtchen Speck am Hofsee. Dort steht eine riesige ❸ Sommerlinde, ein Naturdenkmal mit 800 Jahren auf dem Buckel und einem Stammumfang von 9,20 m – ein toller Platz für ein

ERLEBNISTOUREN

Picknick und ein anschließendes Mittagsschläfchen. Wieder wach? Von der Dorflinde führt ein *gewundener Weg* bis zu einer versteckten ❹ Badestelle mit 3 m breitem, sandigem Zugang und hölzernem Steg am Priesterbäker See. *Es geht ein Stück durch den Wald, und an der großen Wiese hältst du dich in Richtung See.* Einfach nur sitzen, baden, die Seele baumeln lassen und den Alltag vergessen – das kannst du hier!

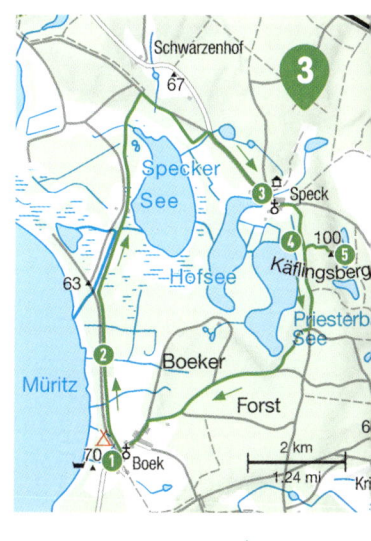

DIE SEEN VON OBEN SEHEN

Zurück auf dem Wanderweg und ab nach rechts, siehst du nach 300 m einen Wegweiser nach links zum „Aussichtsturm am Käflingsberg". Jetzt wird es anstrengend, denn es geht *700 m bergauf,* und auch der ❺ Käflingsbergturm hat 167 Stufen. Auf der Aussichtsplattform in 31 m luftiger Höhe wirst du mit einem weiten Blick über Waldlandschaft und Seen belohnt. *Nach dem Abstecher läufst du wieder zurück und marschierst weiter nach links parallel zum Ufer des Priesterbäker Sees. Nach 1,4 km teilt sich der Weg in drei Abzweige, du nimmst den rechten zurück nach Boek.*

❹ Badestelle — 1,3 km — 20 Min.
❺ Käflingsbergturm — 8 km — 2 Std.

Schattiges Plätzchen, perfekt zum Ausruhen: die Sommerlinde in Speck

❶ Boek

Geschafft! Nach 23 km bist du wieder in ❶ Boek gelandet. Jetzt hast du dir eine Stärkung mit Eis oder Kuchen im gemütlichen Kutschercafé ➤ S. 83 wirklich verdient.

❹ RADELN ZUR KRÜSELINER MÜHLE

- ➤ Mit handbetriebener Seilfähre ans andere Ufer
- ➤ Ziegenmilcheis in einer Schäferei probieren
- ➤ Waldhimbeeren und Blaubeeren naschen

📍 Feldberg

🏁 Feldberg

🔄 Strecke: 31 km

🚲 1 Tag, reine Fahrzeit 3 Stunden

ℹ️ Mitnehmen: Badesachen, Fernglas, Gefäß zum Beerensammeln
Achtung: Zum Fähranleger geht es steil bergab. Einige Wege sind sandig und wurzelig.

❶ Feldberg
2 km   15 Min.

❷ Schmaler Luzin
1 km   10 Min.

❸ Schäferei Hullerbusch
2 km   10 Min.

ZUM SCHMALEN LUZIN UND DRÜBER WEG

Los geht's am Haussee in ❶ Feldberg ➤ S. 105 bei der Feldberger Fahrgastschifffahrt, wo du auch ein Fahrrad leihen kannst. Dreh eine Runde durch den hübschen Kurpark, und dann ab *über Bergstraße und Bahnhofstraße bis zum Kreisverkehr, wo es nach links auf dem Luzinweg weitergeht*. Aber nur ein kurzes Stück, vorbei an der Luzin-Klinik, denn schon fährst du einen steilen Berg hinab zum ❷ Schmalen Luzin ➤ S. 109. Fährmann Tom bringt dich *mit der Seilfähre ans andere Ufer*. Wenn du das Steilufer wieder hinaufgekraxelt bist, folgt eine wunderschöne Strecke. Vorbei an Wiesen und Hügeln rollst du *bergab aufs malerische Dörfchen Carwitz zu*. Gönn dir auf dem Weg ein Ziegenmilcheis in der ❸ Schäferei Hullerbusch ➤ S. 111, der gemütliche Hof bietet sich für eine Pause geradezu an.

ERLEBNISTOUREN

So einige seiner berühmten Romane tippte Hans Fallada auf dieser Reiseschreibmaschine

DAHEIM BEI FALLADA

In ④ Carwitz ➤ S. 109 besuchst du das Hans-Fallada-Museum mit Blick auf den See und einem blühenden Garten. Spring vom nahen Steg in den Carwitzer See, dann geht's erfrischt weiter durchs ganze Dörfchen – vorbei an der kleinen Fachwerkkirche, Cafés und dem alten Friedhof mit der Grabstätte Hans Falladas. *Beim Kreisverkehr am Dorfende biegst du links ab und fährst, vorbei an der Mühle, den Feldweg Am Dreetz entlang.*

HIMBEEREN UND HINKELSTEINE

Bald stößt du auf einen ⑤ Findlingsgarten, ein Gruß aus der letzten Eiszeit. Hüpf mal von Hinkelstein zu Hinkelstein – erkennst du das Tier, das sie bilden? Na klar, es ist ein Mammut! Der Blick über das weite Land ist herrlich! Reiß dich los, denn es geht *weiter in Richtung Thomsdorf. Zwischen den hohen Birken wachsen im Sommer köstliche Waldhimbeeren.*

INSIDER-TIPP: Näscherei am Wegrand

④ Carwitz
2,4 km 20 Min.

⑤ Findlingsgarten
4 km 15 Min.

Die Feldsteinkirche in Thomsdorf hat Jahrhunderte und kokelnde Kinder überstanden

KIRCHENSTORYS UND MITTAG AN DER MÜHLE

6 Thomsdorf
5 km 30 Min.

Du erreichst ❻ Thomsdorf ➤ S. 113 und machst Pause im Kunsthandwerkerhof mit Kantine, Keramikwerkstatt und Galerie. Wirf einen Blick in die Feldsteinkirche gegenüber. Sie stammt aus dem 13. Jh. und könnte Geschichten erzählen. Zum Beispiel die von ein paar Kindern, die 2009 auf dem Kirchhof kokelten und einen Brand auslösten. *Du radelst die Dorfstraße 200 m wieder zurück und biegst links ab auf den Landwirtschaftsweg Sommerland.* Links liegt die Ferienhausanlage Thomsdorf Sommerland. *Dahinter führt der Weg in den Wald,* es duftet herrlich nach Nadelbäumen, und rechts glitzert der Krüseliner See.

7 Krüseliner Mühle
2,2 km 15 Min.

Die Mittagspause an der ❼ Krüseliner Mühle *(Ostern–Juni, Sept./Okt. Mi–So, Juli/Aug. Di–So | Tel. 039820 3 04 40 | krueseliner-muehle.de | €€)* hast du dir verdient. Scheint die Sonne, sitzt du draußen auf der Terrasse am See. Gemischte Fischplatten mit Wels, Zander und Aal, aber auch Wild und Feines vom Rind werden aufgetischt – eine Delikatesse. Schnapp dir dein Fern-

ERLEBNISTOUREN

glas, um mit etwas Glück Milane und Seeadler zu beobachten. Fressnarkose? Dann schnell ein Boot gemietet und den Mittagsschlaf aufs Wasser verlegt. Oder du badest eine Runde, das macht munter!

KLOSTERDORF MIT HOFLADEN
Nun geht es – mal hoch, mal runter – *etwa 2 km über teils sandige Waldwege* nach ❽ Mechow, ein ehemaliges Klosterdorf. Ein wunderschönes Fotomotiv ist die Wehrkirche aus Feldsteinen, die seit ihrer Erbauung im 13. Jh. kaum verändert wurde. Anschließend stoppst du am Café und Hofladen Hof Landliebe *(Zum Waschsee 6 | Tel. 039820 39 30 98 | landliebe-mechow.de)*. Jetzt kommt der Endspurt! Vorbei an Maisfeldern und Heurollen, die im Spätsommer wie Inseln auf den Feldern liegen, kannst du im ❾ Wald *auf dem Weg nach Laeven* im Sommer Blaubeeren sammeln. Am frühen Abend rollst du wieder in ❶ Feldberg bei der Feldberger Fahrgastschifffahrt ein.

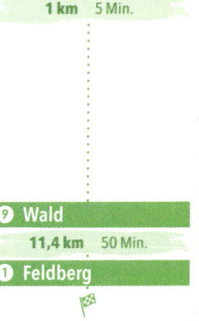

❽ Mechow
1 km   5 Min.

❾ Wald
11,4 km   50 Min.

❶ Feldberg

❺ MIT DEM KANU ÜBER FÜNFZEHN SEEN

➤ Frische Fischbrötchen mit Seeblick
➤ Paddelstorys am Lagerfeuer
➤ Spaziergang von der Schleuse zum Büffelhof

📍 Priepert

🏁 Priepert

⟳ Strecke: 45 km

⌖ 3 Tage, reine Paddelzeit 11 Stunden

ℹ Mitnehmen: Zelt, Badesachen, Fernglas
Achtung: Es gibt zwei Umtragestellen, eine in Wustrow von 400 m und eine an der Fleether Mühle von 50 m. Kanuwagen kannst du beim Kanuverleih Kanatu in ❶ Priepert leihen.
An Schleusen fahren kleine Boote zum Schluss ein.

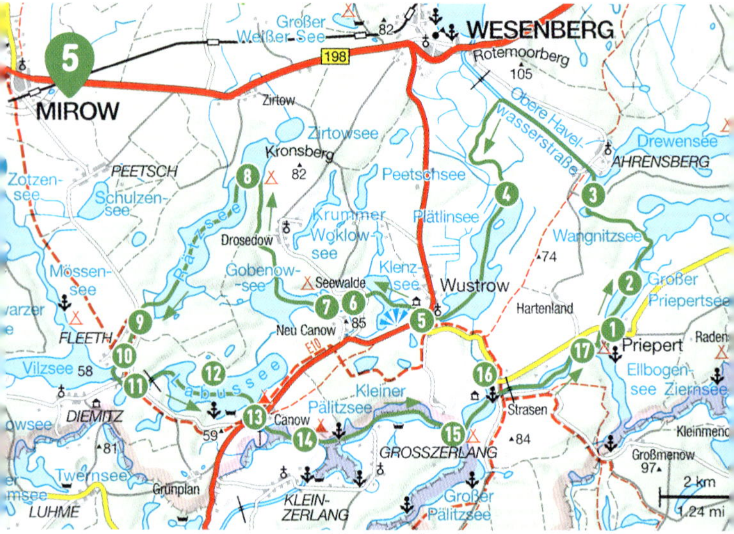

WAS RASCHELT IM BUSCH AN DER HAVEL?

Um 9 Uhr paddelst du am Yachthafen in ❶ **Priepert** ➤ S. 104 am Ellbogensee los. Wenn du kein eigenes Boot mitbringst, leih dir eins beim Kanuverleih Kanatu. Am Kiosk des Campingplatzes nebenan kannst du dich mit Proviant eindecken. Das Boot ins Wasser gelassen, *und dann biegst du gleich rechts in den Havelkanal ein,* der dich zum ❷ **Großen Priepertsee** bringt. Breit und tiefblau liegt er vor dir. Kräftig paddeln, und du hast *nach knapp 2,5 km auch den Kleinen Priepertsee geschafft, nimmst ein Stück vom Wangnitzsee mit, biegst aber gleich wieder links in die Havel ein.* Im dichten Buschwerk rechts und links raschelt es. Ein Eisvogel, ein Zwergtaucher?

Nach etwa 2 km fährst du in den Finowsee ein. Sollte dich schon der Hunger plagen, ist ❸ **Beim Fischer** *(tgl. 10–19 Uhr)* in Wildhof Wesenberg der richtige Ort für eine Pause. Biertische stehen auf einer großen Wiese, es gibt geräucherten Fisch und Fischbrötchen mit Blick auf den See und die hölzerne Hausbrücke Ahrensberg.

INSIDER-TIPP
Frischer geht's nicht

TAG 1

❶ **Priepert**
1 km   15 Min.

❷ **Großer Priepertsee**
5 km   1 Std. 10 Min.

❸ **Beim Fischer**
7 km   1 Std. 40 Min.

ERLEBNISTOUREN

ÜBER DIE SCHWAANHAVEL ZUM PLÄTLINSEE

Nun durchkreuzt du den Finowsee und fährst links wieder in einen breiten Havelkanal ein. Nach etwa 3 km nimmst du gleich die erste Linksbiegung. Bleib immer auf diesem Kanalarm namens Schwaanhavel, so verlockend der Irrgarten aus Seitenarmen auch sein mag, dann erreichst du nach 3,5 km den ❹ **Plätlinsee**, *den du bis Wustrow durchfährst.* Hier ist für heute Endstation. Sechs Seen sind geschafft. Trag noch das Boot um, und der ❺ **Kanuhof Wustrow** (kanuhof-wustrow.de) erwartet dich mit seinem Zeltplatz.

SHOPPINGSTOPP AM BIOLADEN

Muskelkater? Ignorieren – weiter geht's! *Du durchpaddelst den Klenzsee und erreichst über einen kurzen Verbindungskanal den* ❻ **Gobenowsee**. Rechts am Ufer liegt das Dorf Seewalde mit seinem ❼ **Naturladen** (Mo–Fr 9–18, Sa 9–14 Uhr | seewalde.de) für einen kurzen Einkaufsstopp. Es gibt Schönes aus lokalem Handwerk und Biolebensmittel und im Bistro einen süßen Energieschub. *Du durchfährst den See geradeaus bis an sein Ende, biegst leicht rechts in die schmale Drosedower Bek ein und landest schließlich auf dem* ❽ **Rätzsee**. Bootshäuser stehen idyllisch am bewaldeten Ufer.

LAGERFEUER-STIMMUNG IM BIERGARTEN

Der Rätzsee ist lang, *und du paddelst knapp 5 km, bis du in die Oberbek einfährst und die* ❾ **Fleether Mühle** erreichst. Für heute hast du es geschafft und schlägst auf dem Platz **Camping bei Motte** (ferienidyll-am-raetzsee.de) mit Sauna, Bistro und Shop dein Zelt auf. Mal wieder Lust auf Trubel? Im **Biergarten Fleether Mühle** (tgl. | Fleether Mühle 1 | fleether-muehle. de) ist immer was los, und abends erzählt man sich Paddelstorys am Lagerfeuer.

❹ Plätlinsee	
3,5 km	50 Min.
❺ Kanuhof Wustrow	
2 km	30 Min.
TAG 2	
❻ Gobenowsee	
0,5 km	10 Min.
❼ Naturladen Seewalde	
❽ Rätzsee	
5 km	1 Std. 10 Min.
❾ Fleether Mühle	
1 km	15 Min.

Auf deiner Paddeltour passierst du auch den Labussee

| TAG 3 | **ZWEI SCHLEUSEN UND EIN KULTCAFÉ** |

⑩ Fleeth
1,5 km 20 Min.

⑪ Schleuse Diemitz
1 km 15 Min.

⑫ Labussee
2,5 km 40 Min.

⑬ Canow
1,5 km 20 Min.

Nach dem Frühstück beginnt der Tag mit dem *Umtragen des Boots in den zweiten Teil der Oberbek.* Rechts liegt das Dorf ⑩ Fleeth, wo du an einer schönen Badestelle am Sandstrand oder auf dem Holzsteg eine Pause machen kannst. Hinter der gegenüberliegenden Landspitze fährst du *links in einen Kanal ein, der dich zum Großen Peetschsee bringt. Den streifst du nur, hältst dich gleich links und erreichst nach 200 m die* ⑪ Schleuse Diemitz. Vergiss nicht das Trinkgeld für den Schleuser!

Durch den Kleinen Peetschsee und den Müritz-Havel-Kanal schipperst du hinein in den ⑫ Labussee. *Halt dich rechts und durchquere den See auf rund 2,5 km Länge,* immer auf das Dorf Canow zuhaltend. Wasservögel und Libellen schwirren über Schilfgürtel und Seerosenfelder. In ⑬ Canow passierst du die Schleuse, und dann ist es Zeit für eine Pause im kultigen Café Seeidyll *(tgl. | Am Canower See 3 | Wustrow | Mobiltel. 01522 3 18 31 56 | €)* links am Ufer. Mit Blick auf den Canower See und den Hafen schmeckt es gleich doppelt so gut.

Ganz schön was los an der Schleuse bei Strasen. Ob die alle zum Büffelhof wollen?

ERLEBNISTOUREN

Jetzt überquerst du den Canower See, und an seinem Ende hüpfst du links an einer ⑭ Badestelle noch mal ins Wasser. Achtung: im Kleinen Pälitzsee, der nun kommt, *nicht rechts abbiegen, sondern links halten* und dir so den ⑮ Großen Pälitzsee erpaddeln. Jetzt fährst du genau an der Grenze zwischen Mecklenburg-Vorpommern und Brandenburg entlang.

LECKER ESSEN IST HIER SCHEFF-SACHE

Wo es scheint, als würde der nächste See kommen, teilt sich der Große Pälitzsee nur in zwei breite Arme, *du nimmst den linken* und fährst genau auf die Ortschaft ⑯ Strasen zu. Noch vor der Schleuse liegt rechter Hand der allseits bekannte Scheff-Treff *(April–Sept. Fr–Di 11–18 Uhr | Fürstenbergerweg 8 | Tel. 039828 65 99 23 | scheff-treff.info | €)*. Herzhafte Gerichte zu guten Preisen geben neue Kraft in die Arme. Im Biergarten sitzt es sich herrlich; schnell kommst du mit Radlern und Paddlern ins Gespräch. Zurück im Boot, bist du ruckzuck wieder auf dem ⑰ Ellbogensee. Im Bogen der Elle liegt dein Ausgangspunkt ① Priepert. Du hast es geschafft!

⑭ **Badestelle**	
4 km	1 Std.
⑮ **Großer Pälitzsee**	
1,5 km	20 Min.
⑯ **Strasen**	
2 km	30 Min.
⑰ **Ellbogensee**	
1 km	15 Min.
① **Priepert**	

GUT ZU WISSEN
DIE BASICS FÜR DEINEN URLAUB

ANKOMMEN

ANREISE
Aus Richtung Hamburg kannst du die nördlich der Seen verlaufende A 20 nehmen, der kürzeste Weg an die Seenplatte (Waren) ist aber die A 24. Kommst du aus dem Süden, führt die Route über Berlin und dann weiter auf der A 24 Richtung Schwerin oder auf der A 19 Richtung Waren und Güstrow. Große Bahnhöfe gibt es in Schwerin, Güstrow, Waren, Neustrelitz, Neubrandenburg, und auch Städte der Größe von Demmin sind mit dem Zug zu erreichen. Doch ist ein kleinerer Ort das Ziel, hat der meist keine Bahnanbindung (mehr), man muss mit dem Bus noch durch die Landschaft gurken.

Der grüne Flixbus *(flixbus.de)* fährt mehrmals täglich nach Schwerin, bislang das einzige Fernbusziel an der Seenplatte. Von Schwerin geht es mit Regiobussen oder dem Zug weiter.

Von München und Wien gibt es Direktflüge zum Flughafen Rostock-Laage *(rostock-airport.de)*. Alternative Flughäfen, etwas weiter weg: Berlin.

> **GRÜN & FAIR REISEN**
>
> Du willst beim Reisen deine CO_2-Bilanz im Hinterkopf behalten? Dann kannst du deine Emissionen kompensieren *(atmosfair.de; myclimate.org)*, deine Route umweltgerecht planen *(routerank.com)* oder auf Natur und Kultur *(gate-tourismus.de)* achten. Mehr über ökologischen Tourismus erfährst du hier: *oete.de* (europaweit); *germanwatch.org* (weltweit).

AUSKUNFT
Wenn du dich im Vorfeld über dein Urlaubsziel informieren möchtest,

Als würde der Urlaub nie enden: unterwegs zwischen Penzlin und Neustrelitz

kannst du Prospekte und Flyer bei den mecklenburgischen Tourismusverbänden anfordern:

Tourismusverband Mecklenburgische Seenplatte e. V. *Turnplatz 2 | 17207 Röbel (Müritz) | Tel. 039931 53 80 | mecklenburgische-seenplatte.de*

Tourismusverband Mecklenburg-Schwerin e. V. *Puschkinstr. 44 | 19055 Schwerin | Tel. 0385 59 18 98 75 | mecklenburg-schwerin.de*

REISEZEIT

Am schönsten ist es im Land der 1000 Seen natürlich im Sommer. In den Sommerferien ist also jede Menge los, und viele Unterkünfte und Campingplätze sind ausgebucht. Deshalb rechtzeitig reservieren! Wer es warm und ruhig liebt, kommt besser Ende Mai bis Mitte Juni oder dann wieder ab September. Die Seen sind warm, klar und man teilt sie nur mit den Einheimischen. Auch Herbst und Winter können romantisch sein, andere Touristen trifft man dann kaum noch.

WEITER-KOMMEN

ÖFFENTLICHE VERKEHRSMITTEL

Liniennetzkarten, aktuelle Fahrpläne für Überlandbusse und Stadtverkehr sowie die Tarife findest du unter *mvvg-bus.de*. Alle Busfahrpläne gibt es auch als kostenfreie App *MVVG live!* Die App *MV fährt gut* spuckt dir deinen persönlichen Fahrplan für Busse und Bahnen der Region aus – auf die Minute genau, so rühmt man sich.
Die Buslinie zwischen Neubrandenburg, Waren, Röbel und Rechlin hat einen eigenen Namen: *dat Bus*. Sie

bietet zwischen 6 und 20 Uhr etwa stündlich eine schnelle und umsteigefreie Verbindung in die Zentren der vier Städte.

In der Müritzregion bist du dank des Angebots *Müritz rundum (mueritz-rundum.de)* sorglos mobil. Mit dem günstigen Müritz-Nationalpark-Ticket kannst du dich einen ganzen Tag lang vom Bus durch den 318 km² großen Park und in umliegende Orte kutschieren lassen und dabei jederzeit aus- und wieder zusteigen. Dank Anhänger am Bus geht das sogar mit dem Fahrrad. Auch die Müritzfähren der *Weißen Flotte,* die zwischen dem Bolter Kanal und Klink fahren, gehören zum Paket. Das Nationalparkticket für den Bus kostet pro Tag 9 Euro, für die Kombi Bus und Schiff 18 Euro. Du bekommst es beim Busfahrer bzw. auf der Fähre. Der Bonus für alle, die in Waren, Klink, Röbel oder Rechlin übernachten: Die Müritz-rundum-Busse nutzt ihr mit der 🐷 Gästekarte kostenlos. Beim Einsteigen einfach die Karte vorzeigen.

SCHIFFSAUSFLÜGE

Neben Hausbooten, die ihr rechtzeitig reservieren solltet, könnt ihr die Angebote der Fahrgastschiffe auf jedem größeren See nutzen – ob für einfache Überfahrten, Tages- oder Halbtagesausflüge. Übersicht der Anbieter: *fahrgastschifffahrt-mecklenburgische-seenplatte.de* oder *short.travel/mec10*. Rund um die Müritz bietet die *Blau-Weiße Flotte (blau-weisse-flotte.de)* besondere Erlebnistickets an, die Schiffstouren mit dem Besuch regionaler Attraktionen kombinieren. Bei vielen Reedereien könnt ihr eure Fahrräder mit an Bord nehmen.

IM URLAUB

CAMPING

Wunderschöne Campingplätze sind an jedem See zu finden. Naturcamping mit Zeltplätzen direkt am Seeufer ist vor allem in der Neustrelitzer Kleinseenplatte weit verbreitet. Ganz so günstig, wie es klingt, ist Zelten allerdings nicht: Pro Zelt, Auto und Person wird kassiert. Oft kommen noch Kurtaxe und Duschmarken dazu. Die meisten Campingplätze bieten Stellplätze für Wohnwagen. Die Sanitäranlagen sind in der Regel tipptopp.

ERMÄSSIGUNGEN

Es gibt regionale Angebote, mit denen du sparen kannst, z. B. das 🐷 *Schwerin-Ticket*. Mit dem fährst du kostenlos Bus und Bahn, und der Eintritt in mehrere Museen etc. ist im Ticket enthalten. In der Kurkarte mancher Orte sind ebenfalls Vergünstigungen enthalten. Die 🐷 *1000-Seen-Card (1000seencard.de)* beinhaltet vergünstigte oder sogar kostenlose Angebote der ca. 50 teilnehmenden Unternehmen und Geschäfte. Sie gilt für das aktuelle Jahr für zwei Erwachsene und bis zu drei Kinder. Du bekommst sie für 5 Euro in den Touristinformationen oder online im Shop.

GELD & PREISE

Es kommt ganz darauf an, was du machst: Beim Camping musst du

GUT ZU WISSEN

FESTE & EVENTS
RUND UMS JAHR

MÄRZ
Neubrandenburger Jazzfrühling, *jazzfruehling-nb.de:* eine Woche lang Jazz aus aller Welt kostenlos an unterschiedlichen Orten

MAI/JUNI
Müritz-Sail (Waren), *mueritzsail.net:* Vor der Kulisse des Warener Hafens wird vier Tage lang alles zu Wasser gelassen, was geht (Foto)

KunstOffen: Mehr als 800 Künstler an über 500 Orten öffnen ihre Ateliers und Werkstätten

Yoga Love Festival (Alt Schwerin), *yogalovefestival.de*

JUNI-AUGUST
Festspiele im Schlossgarten (Neustrelitz): Operetten-Open-Air

Müritz-Saga (Waren), *mueritz-saga.de:* Open-Air-Theater in bunten Kostümen über Mecklenburgs Geschichte

Schlossfestspiele Schwerin, *schlossfestspiele-schwerin.de:* Opernaufführung vor der Schlosskulisse

JUNI-SEPTEMBER
★ **Festspiele Mecklenburg-Vorpommern,** *festspiele-mv.de:* Deutschlands drittgrößtes Musikfestival mit Konzerten von Jazz über Tango bis Klassik in Gutshäusern, Scheunen, Fabrikhallen, Schlössern und Kirchen

JULI
Plauer Badewannenrallye (Plau am See), *ilovewanne.de:* verrückte Boote, Feuerwerk und Wasserschlachten, Party bis in den Morgen (s. S. 58)

Havelfest Priepert: Bands, Showprogramm und Feuerwerk am Großen Priepertsee

AUGUST
3000-Grad-Festival (Feldberg), *3000-festival.de:* Weltmusik in der Kiesgrube mit Bands und DJs (s. S. 21)

SEPTEMBER
Rock am Wind (Groß Schwiesow), *rock-am-wind.de:* Open-Air-Festival mit Rock und Elektro im Windpark

meist in bar zahlen, während Hotels und Restaurants oft auch Kreditkarten akzeptieren. Eine Sparkasse gibt es in jeder Kleinstadt, andere Banken in Städten der Größenordnung von Feldberg, Neustrelitz und Güstrow.

In der Nebensaison kannst du bei der Unterkunft mitunter echte Schnäppchen machen. Schickere Hotels bieten z. B. Verwöhnwochenenden inklusive Mehrgangmenü günstiger an.

WAS KOSTET WIE VIEL?

Museen	5–7 Euro
	für den Eintritt
Erlebnisbad	16 Euro
	für 4 Stunden Bad und Sauna
Kajak	5 Euro
	Miete für 1 Stunde
Fahrrad	5–8 Euro
	Miete für 1 Tag
Bier	3–3,50 Euro
	für 0,5 l vom Fass
Milchkaffee	2,80 Euro
	für den Becher

HUNDE

Hunde werden auf vielen Campingplätzen akzeptiert, man muss für sie zahlen, und manchmal gibt es hundefreie Bereiche. In besseren Restaurants sind Vierbeiner nicht so gern gesehen, Schilder weisen darauf hin. In Biergärten und urigen Kneipen steht aber meist sogar eine Schüssel zum Trinken bereit. Wenn in Hotels und anderen Unterkünften kleine Hunde erlaubt sind, erkundige dich besser, was damit gemeint ist, sonst muss am Ende der fellige Liebling im Auto schlafen. Oft wird ein Aufpreis verlangt. In den Nationalparks müssen Hunde unbedingt an die Leine.

INTERNETZUGANG & WLAN

Durch die ländliche Struktur ist das Internet auf dem Smartphone manchmal etwas schwach, oder man ist einfach offline. In den meisten Hotels gibt es WLAN, auch einige Restaurants bieten es an.

KURABGABE

Egal ob Campingplatz oder Hotel – wo es schön ist, kann es sein, dass du Kurtaxe bezahlen musst. Sie beläuft sich auf maximal 1,50 Euro pro Tag und pro Erwachsenem. Schüler, Studenten und Azubis bis zum 26. Lebensjahr zahlen weniger, Rentner ebenso. Die Erhebung ist Sache der Städte. Übersicht aller Orte mit Kurabgabe: *privatquartierinfo.de/service-3/kurtaxe*.

ÖFFNUNGSZEITEN

Im Sommer haben Restaurants und viele Attraktionen täglich geöffnet. Ab Mitte September bis April sieht das schon anders aus. Vieles macht mindestens einen Tag in der Woche Pause, öffnet später oder auch gar nicht. Imbisse bleiben geschlossen, Restaurants sind am Montag zu, und Museen verkürzen die Öffnungszeiten.

Supermärkte, die es auch in kleineren Städten gibt, haben hier bis 20 Uhr geöffnet, während in großen Städten wie Schwerin Öffnungszeiten bis 22 Uhr keine Seltenheit sind. Dank der Bäderverordnung, die besagt, dass das entsprechende Verbot in Kur-, Er-

GUT ZU WISSEN

holungs- und Tourismusorten aufgehoben werden darf, kannst du auch sonntags, meist von 12 bis 18 Uhr, in vielen Supermärkten das Grillwürstchen oder Sonnencreme kaufen.

INSIDER-TIPP
Einkaufsglück für Urlauber

TELEFON & HANDY

Es hapert noch ordentlich in puncto Netzabdeckung, oft hast du einfach keinen Empfang. Schnelle Hilfe ordern bei einem Platten am Fahrrad mitten im Wald kann sich also schwierig gestalten. Wo es Empfang gibt und wo nicht, sagt dir die App *Funklochmelder MV (funkloch-mv.de)*.

WASSERQUALITÄT

Die Seenplatte kommt bei der Wasserqualität ihrer Seen gut weg. Das Ministerium für Wirtschaft, Arbeit und Gesundheit nimmt regelmäßig Proben und veröffentlicht die Ergebnisse auf seiner Website *short.travel/mec11*. Der Tollensesee bei Neubrandenburg und der Schmale Luzin bei Feldberg werden besonders für ihre gute Qualität gelobt.

NOTFÄLLE

GESUNDHEIT

Apotheken gibt es in jeder kleinen Stadt. In ernsten Fällen frag in deiner Unterkunft nach dem nächsten Arzt oder Krankenhaus – die Einheimischen wissen, wo du hinmusst.

NOTRUFE

Feuerwehr/Notarzt: Tel. 1 12
Polizei: Tel. 1 10
Pannendienst ADAC: Tel. 0180 2 22 22 22 (*)

WETTER IN WAREN

■ Hauptsaison
■ Nebensaison

	JAN.	FEB.	MÄRZ	APRIL	MAI	JUNI	JULI	AUG.	SEPT.	OKT.	NOV.	DEZ.
Tagestemperaturen	2°	2°	6°	10°	16°	20°	21°	21°	18°	13°	7°	3°
Nachttemperaturen	-3°	-3°	1°	3°	7°	11°	13°	13°	10°	6°	1°	-1°
☀ Sonnenschein Stunden/Tag	2	2	4	6	8	9	8	7	6	4	2	1
☂ Niederschlag Tage/Monat	9	8	8	8	9	9	10	9	9	9	9	10

URLAUBS FEELING
ZUM EINSTIMMEN & AUSKLINGEN

LESESTOFF & FILMFUTTER

📖 LEICHTMATROSEN
Der Berliner Autor Tom Liehr erzählt in seinem 2013 veröffentlichten Roman die komische Story von einem Männerausflug auf einem Hausboot, vom Sich-Betrinken, vom Philosophieren und vom Leben, das auf einem mecklenburgischen See einfach wunderbar zu ertragen ist.

📖 SEROTONIN
Im Roman von 2019 schickt der provokative Franzose Michel Houellebecq seine Hauptfigur Florent auch nach Schwerin – wo eine besondere Liebe beginnt.

🎥 NOVEMBERKIND
Das deutsche Drama (2008) mit der so leidvoll dreinblickenden Anna-Maria Mühe wurde zum Großteil im kleinen Dorf Malchow gedreht, denn hier nimmt die Handlung um DDR-Flucht, Liebe und Verrat ihren Anfang.

🎥 POLIZEIRUF 110
31 Fälle der Krimireihe spielten in Schwerin und Umgebung – also auf zum Drehorte-Spotting! Zwei Filme haben die Stadt sogar im Titel: Folge 212 heißt „Über den Dächern von Schwerin" (1999), Folge 302 „Die armen Kinder von Schwerin" (2009).

PLAYLIST QUERBEET

0:58

- **PRAG** – WAS KÖNNEN DIE BLUMEN DAFÜR
  Im Video eiert die Band durch die Landschaft rund um Feldberg

- **RAMMSTEIN** – OHNE DICH
  Leadgitarrist Richard Kruspe hat in Schwerin gelebt

- **RAINALD GREBE** – DOREEN AUS MECKLENBURG
  Der Comedian nimmt Mecklenburg-Klischees aufs Korn

- **DE PLATTFÖÖT** – HERRN PASTOR SIN KAUH
  In Schwerin steht ein Brunnen zum plattdeutschen Volkslied

- **KALLY DARM** – MEIN MECKLENBURG-VORPOMMERN
  2019 zur Landeshymne gekürt

- **VOKTETT HANNOVER** – DAT DU MIN LEEVSTEN BÜST
  In der Regionalbahn läuft das Volkslied als Jingle. Diese Chorversion ist viel schöner

Den Soundtrack zum Urlaub gibt's auf Spotify unter MARCO POLO Mecklenburg-Vorpommern

Oder Code mit Spotify-App scannen

AB INS NETZ

DER MÜRITZER
Infomagazin für Veranstaltungen, Hintergründe und Aktuelles aus der Region (der-mueritzer.de)

WANDAS REISEBLOG
Im Blog gibt's jede Menge Insidertipps zu aktuellen Events, fröhlich und persönlich erzählt. Im Urlaub checken und keine Veranstaltung verpassen! (mueritz.de/blog)

SEENPLATTE-APP
Ausflugstipps, Freizeitangebote und Entfernungen (auch auf dem Wasser)

PADDELGUIDE
Der Paddelführer für Mecklenburg-Vorpommern. Tolle Bilder, traumhafte Orte, inspirierend schön! Da möchte man einfach sofort ins Kanu und drauflospaddeln. (instagram.com/paddelguide)

TOOLS FÜR ANGLER
Knoten binden, Köder anfertigen, den richtigen Fisch im richtigen Gewässer finden. Die Android-App ist ein hilfreiches Sammelsurium für alle, die das Angelhandwerk noch nicht perfekt beherrschen.

TRAVEL PURSUIT
DAS MARCO POLO URLAUBSQUIZ

Weißt du, wie die Mecklenburgische Seenplatte tickt? Teste hier dein Wissen über die kleinen Geheimnisse und Eigenheiten von Land und Leuten. Die Lösungen findest du in der Fußzeile. Und ganz ausführlich auf den S. 18–23.

❶ Welchen Ort gibt es wirklich?
a) Klüger
b) Dümmer
c) Besser

❷ Berühmte Männer aus Mecklenburg:
a) Fritz, Ernst und Hans
b) Klaus, Max und Fritz
c) Ernst, Paul und Max

❸ Wenn Menschen in der Seenplatte mit dem Arm in der Luft rumfuchteln, …
a) winken sie den Störchen.
b) haben sie einen Anfall.
c) suchen sie das Handysignal.

❹ Deutsche Siedler halfen mit ihrem Know-how einst den …
a) Germanen.
b) Slawen.
c) Kelten.

❺ Schwerin ist öfter das Setting für die Krimireihe …
a) Polizeiruf 110.
b) Tatort.
c) Ein Fall für zwei.

❻ Wenn Mecklenburger ihre Kräfte messen, dann im …
a) Kanufahren.
b) Tretbootfahren.
c) Schlauchbootfahren.

Lösungen: 1b, 2a, 3c, 4b, 5a, 6a

REISELUST

STAATLICHE SCHLÖSSER, GÄRTEN
UND KUNSTSAMMLUNGEN
MECKLENBURG-VORPOMMERN

SCHLOSS MIROW

SCHLOSS HOHENZIERITZ

REGISTER

Ahrensberg 104, 128
Alt Rehse 94
Alt Schwerin 19, 30, **57**, 60, 135
Alt Sührkow 75
Altentreptow 19
Ankershagen 19, 84
Basedow **71**, 72, 117
Binsenbrink 74
Bobbin 30
Boek 83, 122, 124
Boeker Mühle 34, 83, 87
Bollewick 31, **86**, 119
Bolter Kanal 134
Breiter Luzin 105
Brückentinsee 113
Burg Klempenow 31
Burg Plau 58
Burg Schlitz 22, **72**
Burg Stargard 89, 117
Burg Wesenberg 103
Canow 104, 105, 130
Canower See 105, 130
Carwitz 22, **109**, 118, 125
Carwitzer See 105, 109, 112, 125
Dargun **68**, 70
Demmin **66**, 68, 121, 132
Diemitz 130
Dobbertin 61
Dobbertiner See 61
Dreetzsee 111, 112
Drosedower Bek 129
Dümmer 17, 20
Elde 58, 59
Ellbogensee 128, 131
Federow 83, 119
Feldberg 21, 34, 35, 97, **105**, 118, 124, 127, 135, 136, 137, 139
Feldberger Haussee 35, 105, 107, 108
Finowsee 128, 129
Fleesensee 34, 55, 57
Fleeth 130
Fleether Mühle 129
Freilichtmuseum Groß Raden 115
Fürstensee 102
Ganschow 34
Geopark Mecklenburgische Eiszeitlandschaft 19
Gessin 73
Gielow 72
Glave 61
Gobenowsee 129
Gottin 75
Grammentin 69
Groß Görnow 55
Groß Raden 115
Groß Schwiesow 135
Großer Fürstenseer See 102
Großer Pälitzsee 131
Großer Peetschsee 21, 130

Großer Priepertsee 104, 128, 135
Güstrow 22, 28, 46, **50**, 116, 132, 136
Hauptmannsberg 96, 111
Haussee (Feldberg) 35, 105, 107, 108
Havel 35, 104, 128
Helpter Berg 17
Hofsee 122
Hohen Demzin 73
Höhenburg Stargard 89, 117
Hohenzieritz 94
Hullerbusch 96, 110, 111
Inselsee (Güstrow) 51, 52
Ivenack 15, 17, **67**, 117
Jammer 20
Kaflingsberg 123
Kalk-Zwischenmoor Wendischhagen 70
Karow 61
Klein Nemerow 94
Kleiner Pälitzsee 131
Kleiner Peetschsee 130
Kleiner Priepertsee 128
Klempenow 31
Klenzsee 129
Klink 22, 134
Klostersee (Dargun) 68
Krakow am See **53**
Kratzeburg 19
Krüseliner Mühle 111, **126**
Krüseliner See 126
Kuchelmiß 53
Kummer 20
Kummerow 22, 67, 70
Kummerower See 34, 63, **66**, 120
Labussee 21, 130
Langenhägener Seewiesen 60
Lärz 21
Lehsten 84
Lelkendorf 69
Liepen 72
Lieps 95
Lübz 60
Ludorf 87
Ludwigslust 21, 39, **45**
Luzinkanal 105
Malchin **70**, 73
Malchiner See 63, **70**
Malchow 46, **55**, 60, 138
Malchower See 55
Mechow 127
Mecklenburgische Eiszeitlandschaft 19
Meesiger 34
Mildenitz 54
Mirow 21, 33, 34, 102, **103**, 105, 119
Mirower See 103, 119
Müritz 15, 18, 34, 35, 59, 77, 84, 103, 119, 122, 134, 135
Müritz-Elde-Wasserstraße 59

Müritz-Havel-Kanal 103, 130
Müritz-Nationalpark 16, 35, 76, 80, **83**, 102, 119, 122, 134
Nebel 54
Nebeltal (Wassermühle) 53
Neu-Sammit 61
Neubrandenburg 16, 19, 21, 30, 35, 88, **92**, 117, 132, 133, 135, 137
Neukalen 69, 70
Neustadt-Glewe 21
Neustrelitz 16, 21, 30, 34, 97, **100**, 113, 118, 132, 134, 135, 136
Nossentiner/Schwinzer Heide 47, 60, **61**
Oberbek 129, 130
Peene 63, 66, **69**, 70, 120
Plätlinsee 129
Plau am See 18, 28, 30, 34, 35, 46, 55, 56, **58**, 119, 135
Plauer See 55, 58, 60, 61
Priepert 102, **104**, 128, 131, 135
Priesterbäker See 123
Ratzeburg 22
Rätzsee 129
Rechlin 83, **87**, 133, 134
Reitbahnsee 35
Röbel 76, 83, **84**, 119, 133, 134
Rom 20
Rühn 54
Schloss Basedow **71**, 117
Schloss Dargun 68
Schloss Güstrow 22, **51**, 116
Schloss Hohenzieritz 94
Schloss Karow 61
Schloss Klink 22
Schloss Kummerow 22, **67**, 70
Schloss Ludwigslust 21, 39, **45**
Schloss Mirow 21, **103**
Schloss Schwerin 42, **43**, 115
Schloss Stavenhagen 67
Schloss Teschow 32
Schmaler Luzin 105, 107, **109**, 112, 118, 124, 137
Schwaanhavel 129
Schwarzenhof 83
Schwerin 16, 17, 18, 28, 31, 33, 38, **42**, 115, 132, 133, 134, 135, 136, 138, 139
Schweriner See 34, 42, 45
Schwinkendorf 83
Seewalde 129
Serrahn (Carpin) 15, 102
Sorgenlos 20
Speck 122
Specker See 122
Stargard, Höhenburg 94
Stavenhagen 22, **67**, 68
Sternberg 115
Strasen 131
Suckow 73

REGISTER & IMPRESSUM

uchowsee 57
eschow 32
eterow 30, **73**, 74, 75, 116
eterower See 62, **73**, 116
Thomsdorf 31, 111, **113**, 126
Tollensesee 89, 93, **94**, 137
Triepkendorf 106
Unesco-Geopark Mecklenburgische Eiszeitlandschaft 19
Untergöhren 34
Userin 33, 102, 105

Verchen 69, 120
Wangnitzsee 128
Waren 18, 20, 33, 34, 76, **80**, 83, 84, 119, 132, 133, 134, 135, 137
Warnow 54
Warnow-Mildenitz-Durchbruchstal **54**, 115
Wasserburg Liepen 72
Wesenberg 19, **103**, 105
Wittenhagen 110, 111

Woblitzsee 104
Wokuhl-Dabelow 113
Wustrow (am Tollensesee) 94
Wustrow (Kleinseenplatte) 104, 129
Zansen 105
Zierker See 101
Zislow 34

LOB ODER KRITIK? WIR FREUEN UNS AUF DEINE NACHRICHT!

Trotz gründlicher Recherche schleichen sich manchmal Fehler ein. Wir hoffen, du hast Verständnis, dass der Verlag dafür keine Haftung übernehmen kann.

**MARCO POLO Redaktion • MAIRDUMONT • Postfach 31 51
73751 Ostfildern • info@marcopolo.de**

Impressum
Titelbild: Boot auf dem Schmalen Luzin (Look: T. Roetting)
Fotos: DuMont Bildarchiv: Frischmuth (85), T. Roetting/S. Pollex (11, 14/15, 24/25, 26/27, 30/31, 35, 46/47, 50, 62/63, 69, 71, 86, 95, 96/97, 100, 107, 132/133); huber-images: G. Gräfenhain (38/39, 42), R. Schmid (Klappe vorne außen, Klappe vorne innen/1, 6/7, 22, 54, 57, 58, 81, 88/89); J. Israel (143); Laif: B. Jonkmanns (20, 123), Kirchner (72), Lengler (129), Siemers (28), G. Westrich (66); Look: T. Roetting (Klappe hinten, 10, 12/13, 32/33, 44, 76/77, 103, 104, 108/109, 111, 117, 118, 125, 138/139), T. Roetting/S. Pollex (126, 130/131); mauritius images: H. Blossey (53), T. Krüger (9, 92), P. Lehner (8), J. Luebkemann (75), A. Vitting (2/3); mauritius images/foodcollection (27); mauritius images/imagebroker: M. König (61); mauritius images/McPhoto/Alamy: Müller (31); mauritius images/Westend61 (114/115); picture-alliance/dpa: J. Büttner (19, 82, 140); picture-alliance/euroluftbild.de: H. Blossey (112); picture-alliance/ZB: B. Wüstneck (135)

17., aktualisierte Auflage 2022
© MAIRDUMONT GmbH & Co. KG, Ostfildern
Autorin: Juliane Israel
Redaktion: Jochen Schürmann
Bildredaktion: Gabriele Forst
Kartografie: © MAIRDUMONT, Ostfildern (S. 36–37, 116, 121, 123, 125, 128, Umschlag außen, Faltkarte);
© MAIRDUMONT, Ostfildern, unter Verwendung von Kartendaten von OpenStreetMap, Lizenz CC-BY-SA 2.0 (S. 40–41, 48–49, 51, 64–65, 78–79, 90–91, 98–99)
Als touristischer Verlag stellen wir bei den Karten nur den De-facto-Stand dar. Dieser kann von der völkerrechtlichen Lage abweichen und ist völlig wertungsfrei.
Gestaltung Cover, Umschlag und Faltkartencover: bilekjaeger_Kreativagentur mit Zukunftswerkstatt, Stuttgart;
Gestaltung Innenlayout: Langenstein Communication GmbH, Ludwigsburg
Texte hintere Umschlagklappe: Lucia Rojas
Konzept Coverlines: Jutta Metzler, bessere-texte.de

Printed in Poland

MARCO POLO AUTORIN
JULIANE ISRAEL
Es gibt für die Autorin kaum etwas Schöneres als eine Kanutour über die ruhigen, glitzernden Seen der Mecklenburgischen Seenplatte. Wann immer Zeit ist, fährt Juliane Israel von ihrer Heimat Thüringen aus nach Norden und durchstreift die Städte und Landstriche rund um die Seen. Vom Boot aus verliebt sich die Archäologin immer wieder neu in die Landschaft – a never ending story.

BLOSS NICHT!

FETTNÄPFCHEN UND REINFÄLLE VERMEIDEN

MÜCKENMITTEL VERGESSEN
Wo viel Wasser ist, da sind auch viele Mücken. Die Plagegeister kommen in der Dämmerung und fallen über alles her, was nackt und bloß ist. Das kann juckig werden, also lieber mit Spray oder Salbe vorsorgen.

OFFENES FEUER MACHEN
Einfach ein Lagerfeuerchen anzünden kann sehr teuer werden. In geschützten Gebieten werden 50 bis 5000 Euro Bußgeld fällig. Die Waldbrandgefahr ist auch im Seenland ein Thema, selbst Grillen im Wald ist untersagt. Nutzt lieber die gekennzeichneten Feuerstellen – die meisten Campingplätze haben eine.

IN BADEZEUG AN DEN FKK-STRAND
Gleiches Recht für alle: Wer in Bikini oder Badehose am FKK-Strand badet, wird schief angeguckt. Also Klamotten aus oder den Strand wechseln.

WILD CAMPEN
Das ist auch an den Mecklenburgischen Seen verboten – und außerdem bei den vielen tollen Zeltplätzen gar nicht nötig. Wer es trotzdem nicht lassen kann, sollte etwaige Besitzer freundlich um Erlaubnis fragen, dann ist es oft kein Problem.

ZU SCHNELL FAHREN
Die Kreuze am Straßenrand erzählen es: Jedes Jahr sterben Menschen an den Bäumen der Mecklenburger Alleen. Oft durch überhöhte Geschwindigkeit. Bei Regen werden vor allem im Herbst die Straßen zur Rutschbahn. Da die Alleen sehr düster sind, solltest du mit Licht fahren, um besser gesehen zu werden.